T0085637

Acoustic Rock

ISBN 978-1-4584-1102-0

HAL•LEONARD®
CORPORATION

7777 W. BLUEMOUND RD. P.O. BOX 13819 MILWAUKEE, WI 53213

Visit Hal Leonard Online at
www.halleonard.com

Ukulele Chord Songbook

Contents

Across the Universe

Words and Music by
John Lennon and Paul McCartney

Melody:

Words are flow-ing out __ like end-less

D   F♯m F♯m(add4)   A   Aadd9   Dmaj7   Em   A7   Gm

222   213   2134   21   21 3   213   321   1   231

Intro |D | F♯m F♯m(add4) F♯m F♯m(add4) F♯m F♯m(add4) F♯m F♯m(add4) |
|A Aadd9 A Aadd9 A Aadd9 A Aadd9 |

Verse 1

    D   F♯m
Words are flowing out like endless rain into a paper cup,

        Em   A7
They slither while they pass they slip away __ across the universe.

    D   F♯m
Pools of sorrow, waves of joy are drifting through my open mind,

        Em   Gm
Pos - sessing and ca - ressing me.

Chorus 1

    D   A7
Jai. Guru. Deva. Om.

Nothing's gonna change my world,

G   D
Nothing's gonna change my world.

A7
Nothing's gonna change my world,

G   D
Nothing's gonna change my world.

UKULELE CHORD SONGBOOK

Verse 2

D   F#m   Em
Images of broken light which dance before me like a million eyes,

                         A7
They call me on and on across __ the universe.

D   F#m
Thoughts meander like a restless wind inside a letter box,

  Em   A7
They tumble blindly as they make their way across the universe.

Chorus 2   *Repeat Chorus 1*

Verse 3

D   F#m
Sounds of laughter, shades of life are ringing through my open ears,

  Em   Gm
In - citing and in - viting me.

D   F#m   Em
Limitless, undying love which shines around me like a million suns,

             A7
It calls me on and on a - cross the universe.

Chorus 3   *Repeat Chorus 1*

Outro

   D
‖: Jai. Guru. Deva. :‖ *Play 6 times and fade*

American Pie

Words and Music by
Don McLean

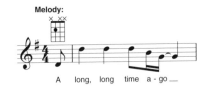

Melody:

A   long,   long   time a - go

G   D   Em   Am   C   Am7   A7   D7   Bm7

Intro

        G   D   Em   Am   C
A long, long time ago I can still re - member how

            Em   D
That music used to make me smile.

        G   D   Em   Am   C
And I knew if I had my chance that I could make those people dance

        Em   C   D
And maybe they'd be happy for a while.

Em   Am   Em   Am
   But February made me shiver, with every paper I'd deliver.

C   G   Am   C   D
Bad news on the doorstep, I couldn't take one more step.

        G   D   Em   Am7   D
I can't remem - ber if I cried when I read about his widowed bride.

        G   D   Em   C   D   G
But something touched me deep inside, the day the music died.

Chorus 1

          G   C   G   D
So, bye, bye, Miss A - merican Pie.

             G   C   G   D
Drove my Chevy to the levee, but the levee was dry.

             G   C   G   D
An' them good ol' boys ___ were drinkin' whiskey an' rye, singin',

Em   A7   Em   D
"This'll be the day that I die, ___ this'll be the day that I die."

Verse 1

G   Am
Did you write the book of love

          C   Am
And do you __ have faith in God above?

Em   D7
If the bible tells ____ you so?

               G   D   Em
Now, do you ____ believe ____ in rock 'n' roll?

   Am7   C
Can music save your ____ mortal soul?

      Em   A7   D7
An'   can you teach me ____ how to dance real ____ slow?

      Em   D
Well, I know that you're in love with him,

         Em   D7
'Cause I ____ saw you dancin' in the gym.

      C   G   Am
You both kicked off your shoes.

        C   D7
Man, I dig those rhythm 'n' blues.

       G   D   Em
I was a lonely teen - age broncin' buck

       Am   C
With a pink carnation an' a pickup truck.

     G   D   Em
But I knew I ____ was out ____ of luck,

         C   D7   G   C
The day ____ the mu - sic died.

G   D
I start - ed singin',

Chorus 2

G C   G   D
Bye, bye, Miss A - merican Pie.

         G   C   G   D
Drove my Chevy to the levee, but the levee was dry.

        G   C   G   D
Them good ol' boys ____ were drinkin' whiskey an' rye, and singin'

Em   A7 Em   D7
"This'll be the day that I die,   this'll be the day that I die."

Verse 2

              G   **Am**
Now, for ten years we've been on our own,

            C   **Am**
An' moss ___ grows fat on a rolling stone.

     Em   **D7**
But,   that's not how it used to be.

         G   **D**   **Em**
When the jester sang for the king an' queen in a

Am7   **C**
Coat he borrowed from ___ James Dean.

     Em   **A7**   **D7**
An' a voice that came ___ from you and me.

       Em   **D**
Oh, an' while the king was looking down,

     Em   **D7**
The jester stole his thorny crown.

     C   **G**   **Am**
The courtroom was adjourned.

     C   **D7**
No ___ verdict was re - turned.

         G   **D**   **Em**
And while ___ Lenin read a book ___ on Marx,

   Am   **C**
A quartet practiced in the park.

     G   **D**   **Em**
And we sang dirges ___ in the dark,

         C   **D7**   **G** **C**
The day ___ the mu - sic died.

G   **D**
   We were singin',

Chorus 3   *Repeat Chorus 2*

Verse 3

```
G                Am
Helter, skelter in the summer swelter.

            C              Am
The birds ___ flew off with a fallout shelter,
Em                  D7
  Eight miles high an' ___ fallin' fast.
G       D        Em
  It land - ed foul out ___ on the grass.
    Am7            C
The players tried for a forward pass,
        Em           A7        D7
With the jester on the side - lines in a cast.
        Em              D
Now, the halftime air was ___ sweet perfume,
        Em              D7
While the sergeants played a marchin' tune.
C       G       Am
We all got up to dance,
        C                   D7
Oh, but we never got the chance.
            G           D        Em
'Cause the players tried ___ to take ___ the field,
Am              C
The marching band re - fused to yield.
G         D        Em
Do you recall ___ what was ___ revealed
            C       D7    G   C
The day ___ the mu - sic died?
G         D
  We started singin',
```

Chorus 4   *Repeat Chorus 2*

Verse 4

      G   Am
Oh, an' ____ there we were all in one place,

        C   Am
A ____ generation lost in space,

      Em   D7
With no time left to start ____ again.

              G   D   Em
So, come on, ____ Jack be nimble, Jack be quick.

Am7   C
Jack Flash sat on a candle stick,

      Em   A7   D7
'Cause   fire is the devil's only friend.

      Em   D
Oh, and as I watched him on the stage

      Em   D7
My hands were clenched in fists of rage.

C   G   Am
No angel born in Hell

      C   D7
Could break that Satan's spell.

             G   D   Em
And as the flames ____ climbed high in - to the night

      Am   C
To ____ light the sacri - ficial rite,

    G   D   Em
I saw ____ Satan laughing with delight,

        C   D7   G C
The day ____ the mu - sic died.

G   D
He was singin',

Chorus 5   *Repeat Chorus 2*

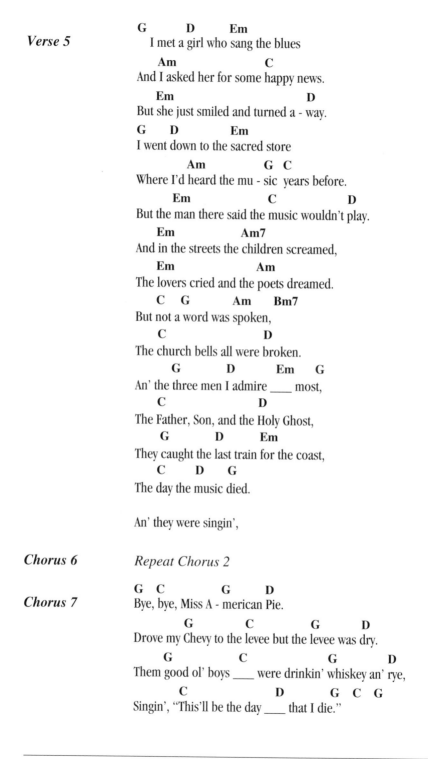

Verse 5

    G   D   Em
I met a girl who sang the blues

    Am   C
And I asked her for some happy news.

    Em   D
But she just smiled and turned a - way.

G   D   Em
I went down to the sacred store

           Am   G C
Where I'd heard the mu - sic years before.

        Em   C   D
But the man there said the music wouldn't play.

    Em   Am7
And in the streets the children screamed,

    Em   Am
The lovers cried and the poets dreamed.

   C   G   Am   Bm7
But not a word was spoken,

   C   D
The church bells all were broken.

     G   D   Em   G
An' the three men I admire ___ most,

   C   D
The Father, Son, and the Holy Ghost,

    G   D   Em
They caught the last train for the coast,

  C   D   G
The day the music died.

An' they were singin',

Chorus 6   *Repeat Chorus 2*

                      G C   G   D
Chorus 7   Bye, bye, Miss A - merican Pie.

                 G   C   G   D
Drove my Chevy to the levee but the levee was dry.

           G   C   G   D
Them good ol' boys ___ were drinkin' whiskey an' rye,

            C   D   G C G
Singin', "This'll be the day ___ that I die."

Band on the Run

Words and Music by
Paul McCartney and Linda McCartney

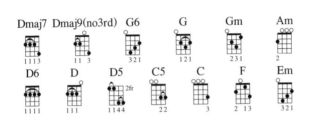

Stuck in - side these four   walls, ____

Intro

‖: Dmaj7 | Dmaj9(no3rd) | G6 | G :‖
| Dmaj7 | Gm | Dmaj7 | Gm |

Verse 1

Dmaj7   Dmaj9(no3rd)
Stuck inside these four walls,

G6   G
Sent inside forever.

Dmaj7   Dmaj9(no3rd)
Never seeing no one

G6   G   Dmaj7
Nice again ____ like you,

Gm   Dmaj7   Gm   Dmaj7 Gm
Mama, you,   Mama, you.

Interlude 1

‖: Am | D6 | Am | D6 | Am :‖

UKULELE CHORD SONGBOOK

Verse 2

Am
If I ever get out of here,

D
Thought of giving it all away

Am
To a registered charity.

D
All I need is a pint a day.

Am
If I ever get out of here. (If we ever get out of here.)

Interlude 2

| N.C. | ‖: D5 | N.C. | :‖ |
| C | F | C | F |

Verse 3

                          C   F
Well, the rain exploded with a mighty crash

                        C
As we fell into the sun.

                            F
And the first one said to the second one there

                     Em
I hope you're having fun.

Chorus 1

```
          G          C
          Band on the run,

          Em  C      Am
          Band on the run.

                F            C
          And the jailer man and sailor Sam

                F
          Were searching ev'ryone.

                C   F        C F
          For the band on the run,

          C   F       C F
          Band on the run.

                C   F        C F
          For the band on the run,

          C   F      C F
          Band on the run.
```

Verse 4

```
                C               F
          Well, the undertaker drew a heavy sigh

                              C
          Seeing no one else had come.

                                F
          And a bell was ringing in the village square

                              Em
          For the rabbits on the run.
```

Chorus 2

```
          G          C
          Band on the run,

          Em  C      Am
          Band on the run.

                F            C
          And the jailer man and sailor Sam

                F
          Were searching ev'ryone.

                C   F        C F
          For the band on the run,

          C   F       C F
          Band on the run.
```

Interlude 3

```
|Em  G  C |Em  C  Am |F              |              |
|C          |F                |              |
```

Chorus 3

    C F   C F
Yeah, the band on the run,

   C F   C F
The band on the run.

   C F   C F
The band on the run,

 C F   C F
Band on the run.

Verse 5

     C   F
Well, the night was falling as the desert world

      C
Began to settle down.

           F
In the town they're searching for us ev'rywhere

        Em
But we never will be found.

Chorus 4

G   C
Band on the run,

Em C   Am
Band on the run.

    F   C
And the county judge held a grudge;

  F
Will search forevermore

    C F   C F
For the band on the run,

   C F   C F
The band on the run.

   C F   C F
The band on the run,

   C F   C F Em G C
The band on the run.

Behind Blue Eyes

Words and Music by
Pete Townshend

No one   knows _ what it's   like _   to be the bad man, _

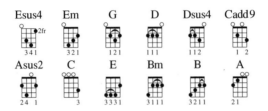

Intro	Esus4		

Verse 1

Em   G
No one knows what it's like

         D   Dsus4 D
To be the bad man,

         Cadd9   Asus2
To be the sad man behind ____ blue eyes.

Em   G
No one knows what it's like

         D   Dsus4 D
To be hated,

         Cadd9   Asus2
To be fated to telling on - ly lies.

Chorus 1

```
        C        D             G
But my dreams, ___ they aren't as empty

       C         D        E
As my conscience seems to be.

     Bm              C
I have hours only lone - ly.

               D           Dsus4
My love is ven - geance

D           Asus2
That's never free.
```

Verse 2

```
   Em                   G
No one knows what it's like

           D
To feel these feelings

        Cadd9             Asus2
Like I do, ___ and I blame you.

   Em                 G
No one bites back as hard

           D
On their anger,

         Cadd9               Asus2
None of my pain and woe can show through.
```

Chorus 2   *Repeat Chorus 1*

Interlude 1 | E   B | A   E | B | A   E |

Verse 3

    E   B   A   E
When my fist clenches, crack it open

        B   G   D
Before I use it and lose my cool.

        B   A   D
When I smile, tell me some bad news

        B   A   E   B A E
Before I laugh and act like a fool.

        B   A   E
And if I swallow anything evil,

        B   G   D
Put your finger down my ___ throat.

        B   A   D
And if I shiver, please ___ give me a blanket,

        B   A   E
Keep me warm, let me wear your coat.

Interlude 2

E B	A E	B	A B
A	G D B	A	G D B
A	G D B		

Outro

  Em   G
No one knows what it's like

      D   Dsus4 D
To be the bad man,

      Cadd9   Asus2
To be the sad man behind ___ blue eyes.

Best of My Love

Words and Music by John David Souther,
Don Henley and Glenn Frey

Melody:

Ev - er - y night _   I'm   ly - in' in bed _

Cmaj9   C   Fsus2   F   Em   Dm

F/G   G   G7   G6   Cmaj7   Fm

Intro

‖: Cmaj9   C | Cmaj9   C |
| Fsus2   F | Fsus2   F   :‖

Verse 1

Cmaj9 C
Ev - ery night

Cmaj9 C
I'm ly - in' in bed

Fsus2 F   **Fsus2 F**
Hold - in' you close in my dreams;

Cmaj9 C   **Cmaj9 C   F   C**
Think - in' about all the things   that we said

Fmaj9 F
And com - in' apart at the seams.

Em   **Dm**
We tried to talk it o - ver

Em   **F/G**
But the words come out too rough.

Cmaj9 C
I know   you were tryin'

F   **Cmaj9 C G G7 G6 G7**
To give me the best of your love.

Verse 2

  Cmaj9 C
Beau - tiful faces,

   Cmaj9 C
An' loud   empty places.

Fsus2 F   **Fsus2 F**
 Look at the way that we live,

 Cmaj9 C
Wast - in' our time

  Cmaj9   **C**
On cheap talk and wine

Fsus2 F   **Fsus2 F**
 Left us so little to give.

 Em
 The same old crowd

    Dm
Was like a cold dark cloud

     Em   **F G**
That we could never rise above,

  Cmaj9 C
But here in my heart

 F   **C G G7 G6 G7**
I give you the best of my love.

Chorus 1

    C
Whoa, __ sweet darlin',

       F
You get the best of my love,

(You get the best of my love.)

   Cmaj9
Whoa, __ sweet darlin',

        F
You get the best of my love.

(You get the best of my love.)

Bridge

Fm
Oo, I'm goin' back in time

      C
And it's a sweet dream.

     Fm
It was a quiet night

And I would be alright

     Dm   G7
If I could go on sleeping.

Verse 3

    Cmaj9 C
But ev - ery morning

   Cmaj9 C
I wake   up and worry

Fsus2 F   **Fsus2 F**
    What's gonna happen today.

Cmaj9 C
You   see it your way,

   Cmaj9 C
And I   see it mine,

    Fsus2 F   **Fsus2 F**
But we both   see it slippin' away.

Em   **Dm**
    You know, we always had each other, baby.

Em   **Dm**   **G7**
    I guess that wasn't e - nough.

    Cmaj9 C
Oh, but here   in my heart

Fsus2 F   **Cmaj9 C   G G7 G6 G7**
I give   you the best of my love.

Chorus 2

Repeat Chorus 1 till fade

Blackbird

Words and Music by
John Lennon and Paul McCartney

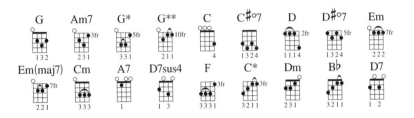

Black - bird sing - ing in the dead of night,

| G | Am7 | G* | G** | C | C#°7 | D | D#°7 | Em |
| Em(maj7) | Cm | A7 | D7sus4 | F | C* | Dm | Bb | D7 |

Intro

| G   Am7   G* | G** | |

Verse 1

G   Am7   G*   G**
Blackbird singing in the dead of night,

C   C#°7   D   D#°7   Em   Em(maj7)
Take these broken wings __ and learn __ to fly.

D C#°°7 C Cm
All your   life,

G   A7   D7sus4   G
You were only wait - ing for this mo - ment to arise.

| C   G   A7 | D7sus4   G | |

Verse 2

G   Am7   G*   G**
Blackbird singing in the dead of night,

C   C#°7   D   D#°7   Em   Em(maj7)
Take these sunken eyes __ and learn __ to see.

D C#°7o C Cm
All your   life,

G   A7   D7sus4   G
You were only wait - ing for this mo - ment to be free.

Bridge 1

F   C*   DmC B♭ C
Black - bird, ____ fly.

F   C*   DmC B♭ A7
Black - bird, ____ fly.

                 D7sus4   G
Into the light _____ of a dark black night.

Interlude 1

| G Am7 G* | G** | | C C#°7 D D#°7 | Em Em(maj7) |
| D   C#°7 | C   Cm | G   A7 | D7sus4 G |

Bridge 2   *Repeat Bridge 1*

Interlude 2

| G Am7 G* | G** | | |
| G Am7 G* C* | G A7 D7sus4 |

Verse 3

G   Am7   G*   G**
Blackbird singing in the dead of night,

C   C#°7   D   D#°7   Em   Em(maj7)
Take these broken wings __ and learn __ to fly.

D C#°7o C Cm
All your   life,

G   A7   D7sus4   G
You were only wait - ing for this mo - ment to arise.

C   G   A7   D7sus4   G
You were on - ly wait - ing for this mo - ment to arise.

C   G   A7   D7   G
You were on - ly waiting __ for this mo - ment to arise.

Blowin' in the Wind

Words and Music by
Bob Dylan

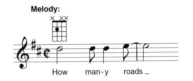

How   man-y   roads _

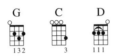

Intro

|G | | |

Verse 1

G   C   D   G

How many roads must a man ____ walk down

            C   G

Before you call him a man?

            C   D   G

How many seas must a white ____ dove sail

            C   D

Before she sleeps in the sand?

            G   C   D   G

Yes, and how many times ____ must the can - nonballs fly

            C   G

Before they are forever banned?

Chorus 1

        C   D   G   C

The answer, my friend, is blowin' in the wind.

            D   G

The answer is blowin' in the wind.

| *Interlude 1* | \|C   \|D   \|G   \|C   \|
| | \| \|D   \|G   \| \| |

| *Verse 2* | G   C   D   G |
| | Yes, and how many years __ can a moun - tain exist |

C   G
Before it is washed to the sea?

C   D   G
Yes, and how many years can some people exist

C   D
Before they're al - lowed to be free?

G   C   D   G
Yes, and how many times ___ can a man ___ turn his head

C   G
And pretend that he just __ doesn't see?

| *Chorus 2* | *Repeat Chorus 1* |
| *Interlude 2* | *Repeat Interlude 1* |

| *Verse 3* | G   C   D   G |
| | Yes, and how many   times must a man look up |

C   G
Before he can see ___ the sky?

C   D   G
Yes, and how many ears ___ must one man have

C   D
Before he can hear __ people cry?

G   C   D   G
Yes, and how many deaths will it take till he knows

C   G
That too many peo - ple have died?

| *Chorus 3* | *Repeat Chorus 1* |
| *Outro* | *Repeat Interlude 1* |

Bridge Over Troubled Water

Words and Music by
Paul Simon

Melody:

When you're wea - ry, ___

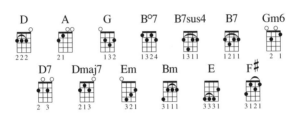

D   A   G   B°7   B7sus4   B7   Gm6
222   21   132   1324   1311   1211   2 1

D7   Dmaj7   Em   Bm   E   F#
2 3   213   321   3111   3331   3121

Intro

D A	G A B°7	D B7sus4 B7
G Gm6	D D7	G
D D7	G

Verse 1

         D   G   D
When you're weary,   feelin'___ small,

G   C   G Dmaj7   Em
   When tears are in your eyes,

     D   G D G
I'll dry them all.

D   A Bm   A
   I'm on your side.

             D   Dmaj7
Oh, when times get rough,

D7   G   E   A
   And friends just can't be found,

Chorus 1

   D   A G   A B°7 D   B7sus4 B7
Like a bridge o - ver troubled water,

   G   F♯   Bm
   I will lay me down.

   D   A G   A B°7 D   B7sus4 B7
Like a bridge o - ver troubled water,

   G   F♯   D D7
   I will lay me down.

Verse 2

               D
When you're down and out,

   G   D
   When you're on the ___ street,

   G   C   G Dmaj7   Em
   When eve - ning falls so hard

      D   G   D   G
I will comfort you.

   D   A Bm   A
   I'll take your part.

                D   Dmaj7
Oh, when darkness comes,

   D7   G E   A
   And pain is all around,

Chorus 2

   D   A G   A B°7 D   B7sus4 B7
Like a bridge o - ver troubled water,

   G   F♯   Bm
   I will lay me down.

   D   A G   A B°7 D   Bm
Like a bridge o - ver troubled water,

   G   F♯   Bm   E
   I will lay me down.

Interlude

```
|D   A  |G  Bm |G  Gm |D        |
|G      |D  D7 |G      |D        |
|G      |
```

Verse 3

          D   G   D
Sail on silver girl,   sail on ___ by.

G   C   G D   Em
  Your time has come to shine.

          D   G   D   G
All your dreams are on their way.

D   A Bm A
  See how they shine.

         D   Dmaj7
Oh, if you need a friend

D7   G   E   A
  I'm sailing right behind.

Chorus 3

D A G   A B°7 D   Bm
Like a bridge o - ver troubled water,

A   F#   Bm
  I will ease your mind.

D   G   B°7 D   Bm
Like a bridge over troubled water,

G   F#   Bm   E
  I will ease your mind.

```
|D   A  |G  Bm |
|G  Gm6 |D        |
```

Could You Be Loved

Words and Music by
Bob Marley

Could you   be   loved? _____

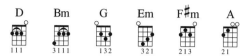

D   Bm   G   Em   F#m   A

Intro ‖: N.C.(Bm) :‖ *Play 6 times*

Chorus 1

D   Bm
Could you be loved?

G   D
Then be loved.

                         Bm
Could you be loved?

G   D
Then be loved.

Verse 1

Bm   Em
Don't let them fool ya,

Bm   Em
Or even try to school ya.

Oh, no.

Bm
We've got a mind of our own.

            G   F#m   Em*
So, go to hell if what   you thinkin' is not right.

Bm
Love would never leave us alone.

            G   F#m   A
Ah, in the darkness, there must come out to light.

Chorus 2   **D**   **Bm**

                     Could you be loved?

                    G   **D**

                     Then be loved.

                                    Bm

                     Now, could you be loved?

                           G

                     Whoa, __ yeah.

                            D   **Bm**

                     Then be loved.

                     Bm

Verse 2   *Could you be loved, now, could you be loved?*

The road of life is rocky and you may stumble too.

So, why don't you point your fingers at someone else that's judging you.

(Could you be, could you be, could you be loved?)

(Could you be, could you be loved?)

(Could you be, could you be, could you be loved?)

(Could you be, could you be loved?)

Verse 3

Bm   Em
 Don't let them change ya, oh,

Bm
 Or even rearrange ya.

Em
 Oh, no.

Bm
 We've got the life to live.

 G F♯m Em*
(Ooh, ooh, ooh.)

    Bm
They say only, only,

    G   F♯m A
Only the fittest of the fittest shall survive.

Stay alive. Eh.

Chorus 3

D   Bm
 Could you be loved?

G   D
 Then be loved.

       Bm
Now, could you be loved?

    G   D
Whoa, __ yeah. Then be loved.

Outro

    Bm
(Ain't gonna miss the water until the well runs dry.)

(And no matter how you treat the man, he'll never be satisfied.)

‖: Say something. Say something. :‖ *Repeat and fade*
             (w/ voc. ad lib.)

Catch the Wind

Words and Music by
Donovan Leitch

Melody:

In the chil-ly _____ hours and

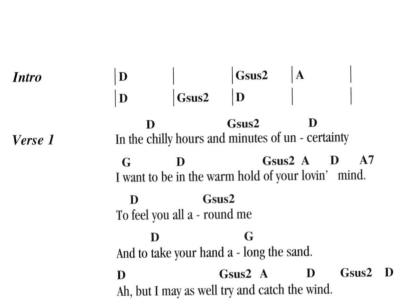

D   Gsus2   A   G   A7   F#m   E7   A6

Intro

|D | |Gsus2 |A | |
|D |Gsus2 |D | | |

Verse 1

        D   Gsus2   D
In the chilly hours and minutes of un - certainty

    G   D   Gsus2 A   D   A7
I want to be in the warm hold of your lovin'   mind.

       D   Gsus2
To feel you all a - round me

         D   G
And to take your hand a - long the sand.

    D   Gsus2 A   D   Gsus2   D
Ah, but I may as well try and catch the wind.

Verse 2

> D   Gsus2
> When sundown pales the sky,
>
> D   G
> I want to hide awhile behind your smile,
>
> D   Gsus2   A   D   A7
> And ev'rywhere I'd look, your eyes I'd find.
>
> D   Gsus2
> For me to love you now
>
> D   G
> Would be the sweetest thing, 'twould make me sing.
>
> D   Gsus2 A   D   Gsus2   D
> Ah, but I may as well try and catch the wind.

Bridge

> G   F#m
> De, de, de, de, de, de, de, de.
>
> G   E7
> De, de, de, de, de, de, de, de,
>
> A   A6 A7 A6
> De, de, de.

Verse 3

> D   Gsus2
> When rain has hung the leaves with tears,
>
> D   G
> I want you near to kill my fears,
>
> D   Gsus2 A   D   A7
> To help me to leave all my blues be - hind.
>
> D   Gsus2
> For standing in your heart
>
> D   G
> Is where I want to be, and long to be.
>
> D   Gsus2 A   D   Gsus2   D
> Ah, but I may as well try and catch the wind.

Harp Solo   *Repeat Verse 1 (Instrumental)*

Outro

| D | | Gsus2 | | |
| D | | G | | |

> D   Gsus2 A   D   Gsus2   D
> Ah, but I may as well try and catch the wind.

Come to My Window

Words and Music by
Melissa Etheridge

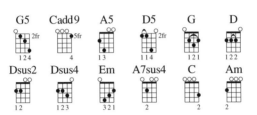

G5	Cadd9	A5	D5	G	D
Dsus2	Dsus4	Em	A7sus4	C	Am

Intro

    G5   **Cadd9** **A5**   **D5**
Come to my win - dow.

G5   **Cadd9** **A5**   **D5**   **G5**
Crawl in - side, wait ___ by the light ___ of the moon.

         Cadd9   **A5**
Come to my win - dow,

D5
I'll be home soon.

Cadd9 G	D Dsus2 D Dsus2
Cadd9 G	D Dsus2 D Dsus2
Cadd9 G	D Dsus2 D Dsus2
Cadd9 G	D Dsus2

Verse 1

Cadd9   G
I would dial the numbers

        D   Dsus4 D Dsus2
Just to lis - ten to your breath.

    Cadd9   G
And I would stand in - side my hell

        D   Dsus2   D Dsus2
And hold ____ the hand of death.

Cadd9   G
You don't know how far I'd go

D   Dsus4 D Dsus2
To ease this precious ache.

    Cadd9   G
And you don't know how much I'd give

    D
Or how much I can take.

Pre-Chorus 1

            Em   Cadd9
Just to reach ____ you.

            D
Just to reach ____ you.

Dsus4 D   Em   Cadd9 D Dsus2 D   Dsus2
Oh, ____ to ____ reach you, _____ oh.

Chorus 1

G5   Cadd9   A7sus4   D Dsus2 D Dsus2
Come to my win - dow.

G5   Cadd9
Crawl in - side,

  A7sus4   D   Dsus2 D Dsus2
Wait ____ by the light ____ of ____ the __ moon.

G5   Cadd9 A7sus4
Come to my win - dow,

  D Dsus2   D Dsus2 G5   Cadd9 A7sus4 D Dsus2 D Dsus2
I'll __ be__ home _____ soon.

Verse 2

Cadd9   G
Keeping my eyes open

       Dsus4 Dsus2 D Dsus4   D Dsus2
I cannot ___ af - ford to ___ sleep.

Cadd9   G
Giving away promises

     D   Dsus4   D Dsus2
I know __ that I can't ___ keep.

Cadd9   G
Nothing fills the blackness

       Dsus2 D   Dsus2 Dsus4 D Dsus2
That has seeped _____ into my   chest.

 Cadd9   G
I need you in my ___ blood

      D   Dsus4 D Dsus4 D
I am forsak - ing all the rest.

Pre-Chorus 2   *Repeat Pre-Chorus 1*

Chorus 2

G5   Cadd9 A7sus4   D Dsus2 D Dsus2
  Come to my win - dow.

G5   Cadd9
  Crawl in - side,

 A7sus4   D   Dsus2   D Dsus2
Wait ___ by the light __ of ___ the __ moon.

G5   Cadd9 A7sus4
  Come to my win - dow,

   D Dsus2   D Dsus2 G5   Cadd9   A7sus4 D
I'll __ be___ home _____ soon.

Bridge

Em
I don't care what they think.

C
I don't care what they say.

Am
What do they know about this love,

D Dsus4 D   Dsus2   Dsus4   D
Any - way?

Interlude

|**G5   Cadd9** |**A7sus4 Dsus4 D Dsus2 D Dsus2** |
|**G5   Cadd9** |**A7sus4   Dsus4** |

      Cadd9   G   D   Dsus2 D
Come, ___ come ___ to my win - dow,

Dsus4 D Dsus2   Cadd9
I'll   be home, I'll ___ be home,

       G   D   Dsus2
I'll ___ be home.   I'm comin' home.

Chorus 3

G5   Cadd9   A7sus4
   Come to my win - dow.

D Dsus2 D G5   Cadd9
   Oh, _____   crawl in - side,

       A7sus4   D   Dsus2 D   G5
Wait ___ by the light ___ of the ___ moon.

          Cadd9   A7sus4
Come to my win - dow,

       D   Dsus2   G5
I'll ___ be home soon,

       Cadd9   A7sus4
I'll ___ be home, I'll____ be home,

       D   Dsus2
I'm comin' home.

Chorus 4   *Repeat Chorus 3*

Outro   ‖: **G5   Cadd9** |**A7sus4   D   Dsus2** :‖ *Repeat and fade*

ACOUSTIC ROCK   **37**

Crazy Little Thing Called Love

Words and Music by
Freddie Mercury

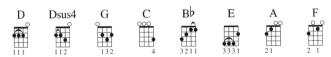

This thing — called love, —

D   Dsus4   G   C   B♭   E   A   F

Verse 1

            D Dsus4 D   **Dsus4 D**
This thing __   called love,

    G   **C**   **G**
I just __ can't handle it.

            D Dsus4 D   **Dsus4 D**
This thing, __   called love,

    G   **C**   **G**
I must __ get 'round to it.

    D
I ain't ready.

B♭   **C**   **D**   **N.C.**
Crazy little thing called love.

Verse 2

            D Dsus4 D   **Dsus4 D**
This thing __ (This   thing.) called love, (Called love.)

     G   **C**   **G**
It cries __ (Like a baby.) in a cradle all night.

            D Dsus4 D   **Dsus4 D**
It swings, __ (Woo,   woo.) it jives, (Woo,   woo.)

     G   **C**   **G**
It shakes __ all over like a jellyfish.

    D
I kinda like it.

B♭   **C**   **D**   **N.C.**
Crazy little thing called love.

Bridge 1

              G
There goes my baby,

      C   G
She knows how to rock 'n' roll.

          B♭
She drives me crazy.

               E   A
She gives me hot and cold fever,

          F   N.C.   E   A
Then she leaves me in a cool, cool sweat.

Verse 3

                  D Dsus4 D   Dsus4 D
I gotta be cool, __   relax,

          G   C   G
Get hip, __ get on my tracks,

          D Dsus4 D   Dsus4 D
Take the back seat, ___ hitch hike,

      G   C   G
And take a long ride on my motor - bike

          D
Until I'm ready.

 B♭   C   D   N.C.
Crazy little thing called love.

Bridge 2   *Repeat Bridge 1*

Verse 4   *Repeat Verse 3*

Verse 5   *Repeat Verse 1*

                  B♭   C   D
Outro   ‖: Crazy little thing called love.   :‖ *Repeat and fade*

Daydream

Words and Music by
John Sebastian

Melody:

What a day for a day - dream,

Db	Bb7	Ebm7	Ab7	Gb	Eb7
1114	1211	3121	1324	3121	3141

Intro | Db | | |

Verse 1

Db   Bb7
What a day for a day - dream,

Ebm7   Ab7
What a day for a daydreamin' boy.

Db   Bb7
And I'm lost in a day - dream,

Ebm7   Ab7
Dreamin' 'bout my bundle of joy.

Bridge 1

Gb   Eb7   Db   Bb7
And even if time ain't really on my side,

Gb   Eb7   Db   Bb7
It's one of those days for taking a walk outside.

Gb   Eb7   Db   Bb7
I'm blowing the day to take a walk in the sun,

Ab
And fall on my face on somebody's new mown lawn.

Verse 2

Db   Bb7
I've been having a sweet ___ dream,

Ebm7   Ab7
I've been dreamin' since I woke up today.

Db   Bb7
It's starring me and my sweet ___ dream,

Ebm7   Ab7
'Cause she's the one makes me feel this way.

Bridge 2

    G♭   E♭7   D♭   B♭7
And even if time is passing by a lot,

    G♭   E♭7   D♭   B♭7
I couldn't care less about the dues you say I ___ got.

    G♭   E♭7   D♭   B♭7
Tomorrow I'll pay the dues for dropping my load,

    A♭
A pie in the face for being a sleepy bull toad.

Interlude   ‖: D♭ | B♭7 | E♭m7 | A♭7   :‖

Bridge 3

    G♭   E♭7   D♭   B♭7
And you can be sure that if you're feelin' right,

    G♭   E♭7   D♭   B♭7
A daydream will last till long into the night.

    G♭   E♭7   D♭   B♭7
Tomorrow at breakfast you may pick up your ears,

    A♭
Or you may be daydreamin' for a thousand years.

Verse 3

    D♭   B♭7
What a day for a day - dream,

    E♭m7   A♭7
Custom made for a daydreamin' boy.

    D♭   B♭7
Now, I'm lost in a day - dream,

    E♭m7   A♭7
Dreamin' 'bout my bundle of joy.

Outro   ‖: G♭ E♭7 | D♭ B♭7 :‖ *Repeat and fade*

Don't Stop

Words and Music by
Christine McVie

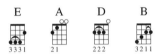

If you wake up and don't want to   smile; _

E   A   D   B

3 3 3 1   2 1   2 2 2   3 2 1 1

Intro

‖: E   A | E   A | E   A | E   A :‖

Verse 1

E   D   A
If you wake up and don't want to smile;

E   D   A
If it takes just a little while,

E   D   A
Open your eyes and look at the day.

B
You'll see things in a diff'rent way.

Chorus 1

E   D   A
Don't stop thinking about tomorrow.

E   D   A
Don't stop. It'll soon be here.

E   D   A
It'll be _____ better than before.

B
Yesterday's gone. Yesterday's gone.

Interlude

| E   D | A | E   D | A |

Verse 2

```
E       D       A
Why not think about times to come,

E           D       A
And not a - bout the things that you've done.

E       D       A
If your life was bad to you,

B
Just think what tomorrow will do.
```

Chorus 2   *Repeat Chorus 1*

Guitar Solo

```
| E    D   | A      | E    D   | A        |
| E    D   | A      | B        |          |
|          |        |          |
```

Verse 3

```
E       D       A
All I want is to see you smile,

E    D          A
If it takes just a little while.

E           D       A
I know you don't be - lieve that it's true.

B
I never meant any harm to you.
```

Chorus 3

```
E    D   A
Don't stop thinking about tomorrow.

E    D      A N.C.
Don't stop.  It'll soon be here.

E       D    A
It'll be _____ better than before.

B
Yesterday's gone. Yesterday's gone.
```

Chorus 4   *Repeat Chorus 1*

Outro

```
       E    D  A           E    D   A
||: Ooh, _____ don't you look back.         :||  Repeat and fade
```

Drive

Words and Music by Brandon Boyd,
Michael Einziger, Alex Katunich,
Jose Pasillas II and Chris Kilmore

Em   Em9   Cmaj7   A7sus2   A7

Intro

‖: Em   Em9 | Cmaj7   A7sus2 :‖ *Play 4 times*

Verse 1

Em   Em9 Cmaj7   A7sus2
Sometimes   I feel the fear of

   Em   Em9 Cmaj7 A7sus2
Un - certainty stinging clear.

Em   Em9   Cmaj7
And I,   I can't help but ask myself

A7sus2   Em   Em9   Cmaj7 A7sus2
How much I'll let the fear take the wheel ____ and steer.

Pre-Chorus 1

Cmaj7   A7
It's driven me be - fore,

                         Cmaj7
And it seems to have a vague,

A7   Cmaj7
Haunting mass appeal.

       A7
But lately I'm beginning to find that

Cmaj7   A7
I ____ should be the one behind the wheel.

Chorus 1

```
Em          Em9 Cmaj7          A7sus2  Em
Whatever tomor  -  row brings, I'll    be ___ there
```

```
     Em9      Cmaj7         A7sus2
With open arms ___ and open eyes, ___ yeah.
```

```
Em          Em9 Cmaj7          A7sus2  Em
Whatever tomor  -  row brings, I'll    be ___ there,
```

```
Em9 Cmaj7    A7sus2
I'll be ___ there.
```

Verse 2

```
Em     Em9     Cmaj7        A7sus2
So if I      de - cide to waiver my
```

```
        Em            Em9    Cmaj7  A7sus2
Chance to be one of the hive,
```

```
Em    Em9     Cmaj7         A7sus2
Will I   choose water over wine
```

```
         Em
And hold my own and drive?
```

```
   Em9 Cmaj7  A7sus2
Oh, oh,   oh.
```

Pre-Chorus 2

```
Cmaj7              A7
It's driven me be - fore,
```

```
                        Cmaj7
And it seems to have a vague,
```

```
A7                  Cmaj7
Haunting mass appeal.
```

```
      A7
But lately I'm beginning to find
```

```
   Cmaj7           A7
That when _____I drive my - self my light is found.
```

Chorus 2   *Repeat Chorus 1*

Interlude   *Repeat Intro*

Pre-Chorus 3	Cmaj7 A7 Cmaj7 Would you choose a, water over wine?

Cmaj7   A7   Cmaj7

Pre-Chorus 3   Would you choose a, water over wine?

A7   N.C.
Hold the wheel and drive.

Chorus 3   *Repeat Chorus 1*

Outro

Em Em9   Cmaj7   A7sus2
Do, do, do, ____ do, do, do,

         Em
Do, do, do, ____ do.

Em9   Cmaj7
No, no, ____ no.

    A7sus2   Em
Do, do, do, do, do.

     Em9   Cmaj7   A7sus2
Do, do, do, do, ____ do, do, do,

         Em
Do, do, do, ____ do.

Em9 Cmaj7   A7sus2   Cmaj7   A7
No, no, __ no, no, no.

Every Rose Has Its Thorn

Words and Music by Bobby Dall,
C.C. Deville, Bret Michaels
and Rikki Rockett

Melody:

We both lie si - lent and still __ in the dead of the night. __

Tune down 1/2 step:
F#-B-D#-G#

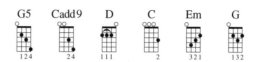

G5   Cadd9   D   C   Em   G

Intro

‖: G5 | Cadd9 :‖

Verse 1

    G5   **Cadd9**
We both lie silent and still in the dead of the night.

            G5   **Cadd9**
Although we both lie close together, we feel miles apart inside.

    G5   **Cadd9**
Was it somethin' I said or some - thin' I did?

    G5   **Cadd9**
Did my words not come out right?

        D   **C**
Though I tried ____ not to hurt you, though I tried.

But I guess that's why they say,

Chorus 1

  G5   **Cadd9**
Ev'ry rose has its thorn,

    G5   **Cadd9**
Just like ev - 'ry night has its dawn.

    G5   **D**   **Cadd9**   **G**
Just like ev - 'ry cow - boy sings a sad, ____ sad song,

            Cadd9
Ev'ry rose has its thorn. ___ *Yeah, it does.*

Interlude   *Repeat Intro*

       G5   **Cadd9**

Verse 2   I listen to our fav'rite song playin' on the radio.

             G5   **Cadd9**

Hear the D. ____ J. say love's a game of easy come and   easy go.

          G5   **Cadd9**

But I won - der, does he ____ know?

          G5   **Cadd9**

Has he ever felt like this?

               D

And I know ____ that you'd be here right now

      C

If I   could-a let you know somehow.

          G5   **Cadd9**

Chorus 2   I guess ev'ry rose has its thorn,

            G5   **Cadd9**

Just like ev - 'ry night has its dawn.

            G5   **D**   **Cadd9**   **G5**

Just like ev - 'ry cow - boy sings a sad, ____ sad song,

                  Cadd9

Ev'ry rose has its thorn.

    Em   **D**

Bridge   Though it's been a while ____ now,

            C   **G**

I can still ____ feel so much pain.

    Em   **D**

    Like the knife that cuts ____ you,

                  C

The wound heals,   but the scar, that scar remains.

Guitar Solo

G5	Cadd9	G5	Cadd9	
Em D	C G	Em D	C	
G5	Cadd9 G5		Cadd9 G5

Verse 3

G5   Cadd9
   I know I could-a saved a love that night if I'd   known what to say.

G5   Cadd9
   'Stead of makin' love, we both   made our sep'rate ways.

            G5   C
And now I   hear you found some - body new

      G5   Cadd9
And that I never meant that much to you.

         D
To hear that tears me up inside

            C
And to see you cuts me like a knife.

Chorus 3

            G5   Cadd9
I guess ev'ry rose has its thorn,

            G5   Cadd9
Just like ev - 'ry night has its dawn.

            G5   D   C   G
Just like ev - 'ry cow - boy sings a sad, ___ sad song,

                        Cadd9 D G5
Ev'ry rose has its thorn.

Dust in the Wind

Words and Music by
Kerry Livgren

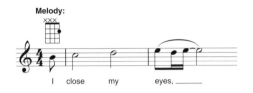

I   close   my   eyes, _____

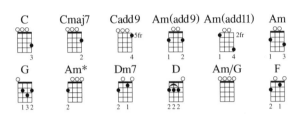

C	Cmaj7	Cadd9	Am(add9)	Am(add11)	Am
G	Am*	Dm7	D	Am/G	F

Intro

|C   Cmaj7 |Cadd9   C |Am(add9) Am(add11) |

|Am Am(add9) |Cadd9   C |Cmaj7   Cadd9 |

|Am Am(add9) |Am(add11) Am G |

Verse 1

    C   G Am*
I close my eyes,

G   Dm7   Am*   G
Only for a mo - ment, and the mo - ment's gone.

C G Am*
All my dreams

G   Dm7   Am*
Pass before my eyes, ____ a curi - osity.

Chorus 1

D   G   Am* Am/G
  Dust ____ in the wind.

D   G   Am* G
All they are is dust in the wind.

Verse 2

C   G Am*
Same old song.

G   Dm7   Am*
Just a drop of wa - ter in an end - less sea.

C G Am*
All we do

G   Dm7   Am*
Crumbles to the ground __ though we re - fuse to see.

Chorus 2

D   G   Am* Am/G
Dust __ in the wind.

D   G   Am(add9) G
All we are is dust in the wind.

F
Oh, ho,   ho.

Interlude 1

‖: Am(add9) ⎪G   ⎪F   ⎪   :‖

Interlude 2

Repeat Intro

Verse 3

G   C   G   Am*
Now don't hang on,

G   Dm7   Am*
Nothing lasts forev - er but the earth __ and sky.

G C   G   Am*
It slips a - way

    G   Dm7   Am*
And all your money won't another minute buy.

Chorus 3

D   G   Am* Am/G
Dust __ in the wind.

D   G   Am* Am/G
All we are is dust in the wind.

D   G   Am* Am/G
Dust __ in the wind.

D   G   Am
Ev'rything is dust in the wind.

Outro

‖: Am Am(add9) ⎪Am(add11) Am   ⎪
⎪Am(add9) Am(add11) :‖ *Repeat and fade*

Fast Car

Words and Music
by Tracy Chapman

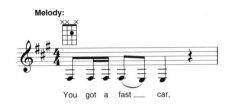

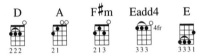

Intro   ‖: D   A |F#m   Eadd4   :‖ *Play 4 times*

Verse 1

D   A
You got a fast __ car,

F#m   Eadd4
I want a ticket ____ to anywhere.

D   A
Maybe we make a deal,

F#m   Eadd4
Maybe together we can get somewhere.

D   A
Anyplace is better.

F#m   Eadd4
Starting from zero, got nothing to lose.

D   A
Maybe we'll make something;

F#m   Eadd4
Me, myself, I got nothing to prove.

| *Interlude 1* | ‖: D   A   │ F♯m   Eadd4   :‖ |

Verse 2

   D   **A**
You got a fast __ car,

F♯m   **Eadd4**
I got a plan ____ to get us out of here.

          D   **A**
I been working at the con - venience store,

F♯m   **Eadd4**
Managed to save just a little bit of money.

D   **A**
Won't have to drive too far,

    F♯m   **Eadd4**
Just 'cross the border and into the city.

D   **A**
You and I can both get jobs

    F♯m   **Eadd4**
And finally see what it means to be living.

Interlude 2

Repeat Interlude 1

Verse 3

          D   **A**
You see, my old man's got a problem.

   F♯m   **Eadd4**
He live with the bottle, that's the way it is.

           D   **A**
He says his body's too old for working;

   F♯m   **Eadd4**
His body's too young ____ to look like his.

D   **A**
My mama went off and left him;

   F♯m   **Eadd4**
She wanted more from life than he could give.

          D   **A**
I said somebody's got to take care of him.

   F♯m   **Eadd4**
So I quit school and that's what I did.

Interlude 3　　　　*Repeat Interlude 1*

Verse 4

        D　　　　　A
You got a fast __ car,

        F#m　　　Eadd4
But is it fast enough so we can fly away?

        D　　　　　A
We gotta make a decision:

F#m　　　　Eadd4
Leave tonight or live and die this way.

| D　　A | F#m　Eadd4 | D　　A |

F#m　　　Eadd4
    'Cause I remember when we were...

Chorus 1

        D
Driving, driving in your car,

         A
The speed so fast I felt like I was drunk.

F#m
    City lights lay out before us

         E
And your arm felt nice wrapped 'round my shoulder.

      D F#m　E
And I,　I had a feeling that I belonged.

D F#m　E
I,　I had a feeling I could be someone,

        D　　　　　E
Be someone,　be someone.

Interlude 4　　　　*Repeat Interlude 1*

Verse 5

   D   **A**
You got a fast __ car.

F♯m   **Eadd4**
We go cruising to entertain ourselves.

     D   **A**
You still ain't got a job

     F♯m   **Eadd4**
And I work in a market as a checkout girl.

 D   **A**
I know things will get better;

F♯m   **Eadd4**
You'll find work and I'll get promoted.

 D   **A**
We'll move out of the shelter,

F♯m   **Eadd4**
Buy a big house and live in the suburbs.

| **D**   **A** | **F♯m Eadd4** | **D**   **A** |

F♯m   **Eadd4**
  'Cause I remember when we were...

Chorus 2   *Repeat Chorus 1*

Interlude 5   *Repeat Interlude 1*

Verse 6

D   A
You got a fast __ car.

F#m   Eadd4
I got a job that pays all our bills.

    D   A
You stay out drinking   late at the bar;

   F#m   Eadd4
See more of your friends than you do of your kids.

D   A
I'd always hoped for better;

    F#m   Eadd4
Thought maybe together   you and me'd find it.

   D   A
I got no plans, I ain't going nowhere,

   F#m   Eadd4
So take your fast car and keep on driving.

| D   A | F#m Eadd4 | D   A |

F#m   Eadd4
  'Cause I remember when we were...

Chorus 3   *Repeat Chorus 1*

Interlude 6   *Repeat Interlude 1*

Verse 7

D   A
You got a fast __ car.

   F#m   Eadd4
Is it fast enough so you can fly away?

D   A
You gotta make a decision:

F#m   Eadd4
Leave tonight or live and die this way.

Outro

‖: D   A | F#m Eadd4 :‖ *Play 3 times*
| D   A |

Fields of Gold

Music and Lyrics by
Sting

Melody:

You'll re - mem-ber   me

B7sus2   G   D   Asus4   Bm   Gsus2

Intro   ‖: B7sus2 | :‖ *Play 4 times*

Verse 1
            B7sus2   **G**
You'll re - member me when the west wind moves

                  D
Upon the fields of bar - ley.

            B7sus2   **G**   **D**
You'll for - get the sun in his jealous sky

       G   **Asus4** **D**
As we walk in fields of gold.

Interlude 1 | Bm | Gsus2 | D | |

Verse 2
            B7sus2   **G**
So she took her love for to gaze a while

                  D
Upon the fields of bar - ley.

            B7sus2   **G**   **D**
In his arms she fell as her hair came down

       G   **Asus4** **D**
Among ___ the fields of gold.

Verse 3

    B7sus2   **G**
Will you stay with me, will you be my love

        D
Among the fields of bar - ley?

    B7sus2   **G** **D**
We'll for - get the sun in his jealous sky

    G **Asus4** **D**
As we lie in fields of gold.

Interlude 2 | **B7sus2** | **Gsus2** | **D** | |

Verse 4

    B7sus2   **G**
See the west wind move like a lover so

        D
Upon the fields of bar - ley.

    B7sus2   **G** **D**
Feel her body rise when you kiss her mouth

    G **Asus4** **D**
Among ___ the fields of gold.

Bridge

Gsus2   **D**
I never made promises lightly

Gsus2   **D**
And there have been some that I've broken,

Gsus2   **D**
But I swear in the days still left

    G **Asus4** **D**
We'll walk ___ in fields of gold.

    G **Asus4** **D**
We'll walk in fields of gold.

Guitar Solo

| B7sus2 | G | | | D | |
| B7sus2 | G | D | G Asus4 | D | |

Verse 5

       B7sus2   G
Many years have passed since those __ summer days

           D
Among the fields of bar - ley.

       B7sus2   G   D
See the children run as the sun goes down

       G   Asus4 D
Among ___ the fields of gold.

Verse 6

         B7sus2   G
You'll re - member me when the west wind moves

          D
Upon the fields of bar - ley.

       B7sus2   G   D
You can tell the sun in his jealous sky

       G   Asus4 D
When we walked in fields of gold.

       G   Asus4 D
When we walked in fields of gold,

       G   Asus4 D
When we walked in fields of gold.

Outro

‖: D   Gsus2   D :‖ *Play 7 times*
| D

Give a Little Bit

Words and Music by
Rick Davies and Roger Hodgson

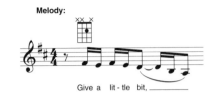

Melody:

Give a lit - tle bit, _____

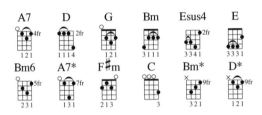

A7   D   G   Bm   Esus4   E
Bm6   A7*   F#m   C   Bm*   D*

Intro   A7 D ‖: A7 D | G A7 | G A7 | G D :‖

Verse 1

D   A7
  Give a little bit,

D   G   A7   G A7   G
  Give a little bit of your love __ to me.

D   A7
  I'll give a little bit,

D   G   A7   G A7   G
  I'll give a little bit of my love __ to you.

Bridge 1

Bm   Esus4   E
  There's so much that we need ____ to share,

  G   Bm6   A7   Bm6   A7*
So send a smile and show __ you care.

Verse 2

D   A7
  I'll give a little bit,

D   G   A7   G A7   G
  I'll give a little bit of my life __ for you.

D   A7
  So, give a little bit,

D   G   A7   G   A7   G
  Oh, give a little bit of your time __ to me.

Bridge 2

Bm   Esus4 E
  See the man with the lone - ly eyes?

   G   Bm6   A7   Bm6 A7*
Oh, take his hand, you'll be sur - prised.

Sax Solo   ‖: F♯m |Bm   :‖ *Play 3 times*

              |C   G   ‖: A7 Bm6 |A7*   :‖ *Play 3 times*

Verse 3

D   A7
  Give a little bit,

D   G   A7   G A7   G
  Give a little bit of your love __ to me.

D   A7
  I'll give a little bit,

D   G   A7   G A7   G
  I'll give a little bit of my life __ to you.

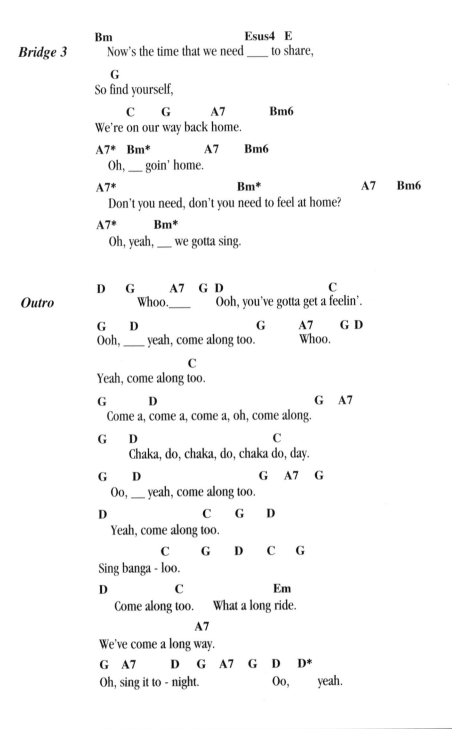

Bridge 3

    Bm   **Esus4 E**
    Now's the time that we need ____ to share,

    G
So find yourself,

      C   **G**   **A7**   **Bm6**
We're on our way back home.

A7* Bm*   **A7**   **Bm6**
    Oh, __ goin' home.

A7*   **Bm***   **A7**   **Bm6**
    Don't you need, don't you need to feel at home?

A7*   **Bm***
    Oh, yeah, __ we gotta sing.

Outro

    D   **G**   **A7** **G D**   **C**
        Whoo.____   Ooh, you've gotta get a feelin'.

    G   **D**   **G**   **A7**   **G D**
Ooh, ____ yeah, come along too.   Whoo.

                   C
Yeah, come along too.

    G   **D**   **G A7**
    Come a, come a, come a, oh, come along.

    G   **D**   **C**
    Chaka, do, chaka, do, chaka do, day.

    G   **D**   **G**   **A7**   **G**
    Oo, __ yeah, come along too.

    D   **C**   **G**   **D**
    Yeah, come along too.

            C   **G**   **D**   **C**   **G**
Sing banga - loo.

    D   **C**   **Em**
    Come along too.   What a long ride.

              A7
We've come a long way.

    G A7   **D G A7 G D** **D***
Oh, sing it to - night.   Oo,   yeah.

Learning to Fly

Words and Music by
Tom Petty and Jeff Lynne

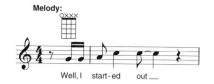

Melody:

Well, I start-ed out —

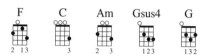

F   C   Am   Gsus4   G

Intro   ‖: F   C |Am   Gsus4 :‖ *Play 4 times*

Verse 1
    F   C   Am   Gsus4
Well, I started out

    F   C   Am   Gsus4
Down a dirty road,

F   C   Am   Gsus4
Started out

F   C   Am   Gsus4
All a - lone.

Verse 2
    F   C   Am   Gsus4
And the sun went down

    F   C   Am   Gsus4
As I crossed the hill

    F   C   Am   Gsus4
And the town lit up,

   F   C   Am   Gsus4
The world got still.

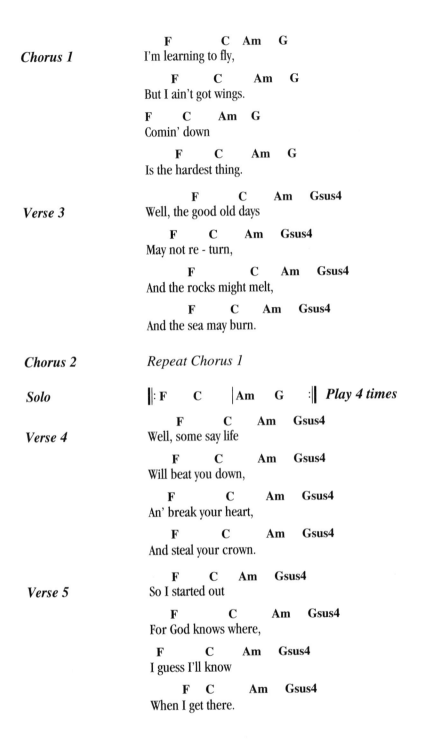

Chorus 1

      F   C Am   G
I'm learning to fly,

       F   C   Am   G
But I ain't got wings.

F   C   Am   G
Comin' down

       F   C   Am   G
Is the hardest thing.

Verse 3

           F   C   Am   Gsus4
Well, the good old days

       F   C   Am   Gsus4
May not re - turn,

         F   C   Am   Gsus4
And the rocks might melt,

         F   C   Am   Gsus4
And the sea may burn.

Chorus 2   *Repeat Chorus 1*

Solo   ‖: F   C |Am   G   :‖ *Play 4 times*

Verse 4

       F   C   Am   Gsus4
Well, some say life

       F   C   Am   Gsus4
Will beat you down,

       F   C   Am   Gsus4
An' break your heart,

       F   C   Am   Gsus4
And steal your crown.

Verse 5

      F   C   Am   Gsus4
So I started out

      F   C   Am   Gsus4
For God knows where,

     F   C   Am   Gsus4
I guess I'll know

      F C   Am   Gsus4
When I get there.

Chorus 3

    F **C** **Am** **G**
I'm learning to fly

    F   **C**   **Am** **G**
A - round the clouds.

    F   **C** **Am** **G**
What goes up

    F   **C** **Am** **G**
Must come down.

Interlude   ‖: **F** **C** |**Am** **G** :‖

         F   **C**
Chorus 4 ‖: I'm learning to fly,

    Am   **G**
(Learning to fly.)

     F   **C** **Am** **G**
But I ain't got wings.

    F **C** **Am** **G**
Coming down

     F   **C** **Am** **G**
Is the hardest thing.

     F   **C**
I'm learning to fly

    Am   **G**
(Learning to fly.)

     F   **C**   **Am** **G**
A - round the clouds.

     F   **C** **Am** **G**
An' what goes up

    F   **C** **Am** **G**
Must come down.   :‖ *Repeat and fade*

Hallelujah

Words and Music by
Leonard Cohen

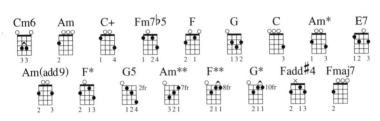

Intro

```
||: Cm6   |        | Am     |           :||
  | Cm6   |        | Am     |           |
  | Cm6   |        | C+     | Fm7♭5     |
  | F     |        |        |        G  |
  | C     | Am*    | C      | Am*       |
  | C     | Am*    | C      | Am*       |
```

Verse 1

        C   **Am***
Well, I heard there was a secret chord

C   **Am***
    That David played, and it pleased the Lord,

    F   **G**   **C**   **G**
But you don't really care for music   do ya?

       C   **F**   **G**
Well, it goes like this, the fourth, the fifth,

Am   **F**
The minor fall and the major lift,

    G   **E7**   **Am***
The baffled king com - posing, Halle - lujah.

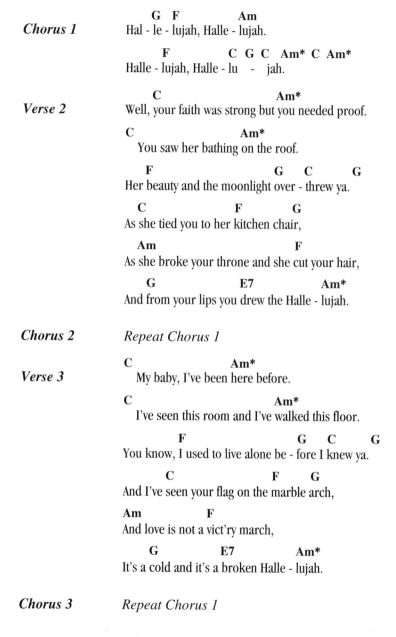

Chorus 1

        G F   Am
Hal - le - lujah, Halle - lujah.

          F   C G C Am* C Am*
Halle - lujah, Halle - lu - jah.

Verse 2

         C   Am*
Well, your faith was strong but you needed proof.

 C   Am*
  You saw her bathing on the roof.

     F   G   C   G
Her beauty and the moonlight over - threw ya.

     C   F   G
As she tied you to her kitchen chair,

  Am   F
As she broke your throne and she cut your hair,

     G   E7   Am*
And from your lips you drew the Halle - lujah.

Chorus 2   *Repeat Chorus 1*

Verse 3

 C   Am*
  My baby, I've been here before.

 C   Am*
  I've seen this room and I've walked this floor.

         F   G   C   G
You know, I used to live alone be - fore I knew ya.

        C   F   G
And I've seen your flag on the marble arch,

  Am   F
And love is not a vict'ry march,

     G   E7   Am*
It's a cold and it's a broken Halle - lujah.

Chorus 3   *Repeat Chorus 1*

Verse 4

       C   Am*
Well, there was a time when you let me know

C   Am*
  What's really going on below,

     F   G   C   G
But now you never show that to me, do ya?

     C   F   G
But, remember when I moved in you,

Am   F
And the Holy Dove was moving too,

    G   E7   Am*
And ev'ry breath we drew was Halle - lujah.

Chorus 4

    G F   Am
Hal - le - lujah, Halle - lujah.

       F   C G
Halle - lujah, Halle - lu - jah.

Interlude

F		C	Am(add9)	
F			C	G
C	Am*	C		Am*
F		G	C	G
C	F* G5	Am**		F**
G*			Am**	
F**			G**	

Verse 5

C   Am*
Maybe there is a God above,

C   Am*
 But all I've ever learned ___ from love

 F   G C G
Was how to shoot somebody who ___ out - drew ya.

    C   F G
And it's ___ not a cry that you hear at night,

Am   F
And it's not somebody who's ___ seen the light,

   G   E7   Am*
It's a cold and it's a broken Halle - lujah.

Chorus 5

  G F   Am
Hal - le - lujah, Halle - lujah.

   F   C G
Halle - lujah, Halle - lu - jah.

   F* Fadd♯4 G Am F
Halle - lujah, _____ Halle - lujah.

C F   C G
Halle - lujah, Halle - lu.

   F   Am
Halle - lujah, Halle - lujah.

   F   C G F* D Am Am(add9) Am* F Am
Halle - lujah, Hallelu   -   jah.

   Fmaj7 G C
Halle - lu - jah.

Here, There and Everywhere

Words and Music by
John Lennon and
Paul McCartney

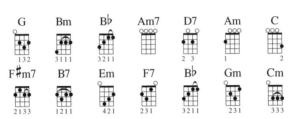

To lead a bet-ter life, ___   I need my love to be here. ___

G	Bm	B♭	Am7	D7	Am	C
1 3 2	3 1 1 1	3 2 1 1	2 3	1		2

F♯m7	B7	Em	F7	B♭	Gm	Cm
2 1 3 3	1 2 1 1	4 2 1	2 3 1	3 2 1 1	2 3 1	3 3 3

Intro

    G   Bm
To lead a better life,

B♭   Am D7
I need my love to be here.

Verse 1

G   Am
Here,

Bm   C   G Am
Making each day ___ of the year.

Bm   C   F♯m7   B7
Changing my life ___ with a wave ___ of her hand.

F♯m7   B7   Em   Am   Am7 D7
Nobody can ___ deny ___ that there's some - thing there.

Verse 2

G   Am
There,

Bm   C   G   Am
Running my hands ___ through her hair.

Bm   C   F♯m7   B7
Both of us think - ing how good ___ it can be.

F♯m7   B7   Em   Am   Am7 D7
Someone is speak - ing, but she doesn't know ___ he's there.

Bridge 1

F7   B♭   Gm
I want her ev'rywhere,

      Cm   D7   Gm
And if she's beside me, I know I need never care.

Cm   D7
But to love her is to need her

Verse 3

G   Am
Ev'rywhere.

Bm   C   G Am
Knowing that love __ is to share.

Bm   C   F#m7   B7
Each one believ - ing that love __ never dies,

F#m7   B7   Em   Am   Am7 D7
Watching their eyes __ and hoping I'm al - ways there.

Bridge 2

F7   B♭   Gm
I want her ev'rywhere,

      Cm   D7   Gm
And if she's beside me, I know I need never care.

Cm   D7
But to love her is to need her

Verse 4

G   Am
Ev'rywhere.

Bm   C   G Am
Knowing that love __ is to share.

Bm   C   F#m7   B7
Each one believ - ing that love __ never dies.

F#m7   B7   Em   Am   Am7 D7
Watching her eyes __ and hoping I'm al - ways there.

        G Am
I will be there

     Bm   C
And ev'rywhere.

G Am   Bm   C   G
Here, there and ev'rywhere.

Iris

Words and Music by
John Rzeznik

Melody:

And I'd give up for-ev - er to touch __ you

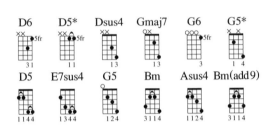

D6   D5*   Dsus4   Gmaj7   G6   G5*
D5   E7sus4   G5   Bm   Asus4   Bm(add9)

Intro
‖: D6   D5*   Dsus4 |Gmaj7   G6 G5* :‖

Verse 1

D5   E7sus4   G5
And I'd give up forev - er to touch __ you

Bm   Asus4   G5
'Cause I know __ that you feel __ me some - how.

D5   E7sus4   G5
You're the clos - est to heav - en that I'll __ ever be,

Bm   Asus4   G5
And I don't __ wanna go __ home right now.

Verse 2

D5   E7sus4   G5
And all __ I could taste __ is this moment,

Bm   Asus4   G5
And all __ I can breathe __ is your life.

D5   E7sus4   G5
Well, sooner or lat - er it's o - ver.

Bm   Asus4   G5
I just don't __ wanna miss __ you tonight.

Chorus 1

        Bm   Asus4   G5
And I don't want the world __ to see __ me

           Bm   Asus4   G5
'Cause I don't __ think that they'd __ under - stand.

        Bm   Asus4   G5
When everything's made to be bro - ken

          Bm   Asus4   G5
I just want __ you to know __ who I am.

Interlude 1   *Repeat Intro*

Verse 3

          D5   E7sus4   G5
And you can't __ fight the tears __ that ain't comin',

        Bm   Asus4   G5
Or the mo - ment of truth __ in your lies.

        D5   E7sus4   G5
When ev'rything feels like the mov - ies,

           Bm   Asus4   G5
Yeah, you bleed __ just to know __ you're alive.

Chorus 2   *Repeat Chorus 1*

Interlude 2   ‖: D6   D5* | Dsus4 D :‖ *Play 4 times*
                ‖: Bm Bm(add9)   Bm | G5   :‖ *Play 4 times*

Chorus 3   *Repeat Chorus 1*

Chorus 4   *Repeat Chorus 1*

Outro

          Bm   Asus4   G5
I just want __ you to know __ who I am.

          Bm   Asus4   G5
I just want __ you to know __ who I am.

          Bm   Asus4   G5
I just want __ you to know __ who I am.

          Bm   Asus4   Bm
I just want __ you to know __ who I am.

‖: Bm Bm(add9) | D5 | Bm Asus4 | G5 :‖ *Repeat and fade*

Layla

Words and Music by
Eric Clapton and Jim Gordon

Melody:

What _ will you do when you get lone - ly? ____

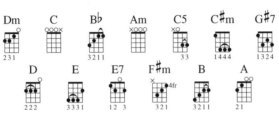

Intro ‖: Dm C B♭ |C Dm :‖ *Play 5 times*
         | C B♭ |C   Am C5 |

Verse 1
    C#m7   G#7
    What will you do when you get lone - ly?

    C#m7   C   D   E   E7
    No one waiting by your __ side.

    F#m   B   E   A
    You've been runnin', hidin' much too long.

    F#m   B   E
    You know it's just your foolish pride.

Chorus 1
    A Dm C B♭
    Layla,

    C   Dm
    Got me on my knees.

          C B♭
    Layla,`

    C   Dm
    Beggin' dar - lin', please.

          C B♭
    Layla,

    C   Dm   C B♭ C Am C
    Darlin', won't you ease my worried mind?

Verse 2

C#m7   G#7
 Tried to give you conso - lation,

C#m7 C   D   E E7
 Your old man had let you down.

F#m B E   A
 Like a fool, I fell in love with you.

F#m   B   E
 You turned my whole world upside down.

Chorus 2

A Dm C B♭
Layla,

C   Dm
Got me on my knees.

   C B♭
Layla,

C   Dm
Beggin' dar - lin', please.

   C B♭
Layla,

C   Dm   C B♭ C Am C
Darlin', won't you ease my worried mind?

Verse 3

C#m7   G#7
Make the best of the situ - ation,

C#m7   C   D   E   E7
Before I fin'ly go in - sane.

F#m   B   E   A
Please don't say we'll never find a way.

F#m   B   E
Tell me all my love's in vain.

Chorus 3

A Dm C Bb
Layla,

C   Dm
Got me on my knees.

        C Bb
Layla,

C   Dm
Beggin' dar - lin', please.

        C Bb
Layla,

C   Dm   C Bb C Dm
Darlin', won't you ease my worried mind?

| | **Dm** C B♭ |
| *Chorus 4* | Layla, |

C   **Dm**
Got me on my knees.

        C B♭
Layla,

C   **Dm**
Beggin' dar - lin', please.

        C B♭
Layla,

C   **Dm**   C B♭ C Dm
Darlin', won't you ease my worried mind?

Guitar Solo   ‖: **Dm** C B♭ |C **Dm**   :‖ *Play 8 times*

Chorus 5   *Repeat Chorus 4*

Dm C B♭
Chorus 6   Layla,

C   **Dm**
Got me on my knees.

        C B♭
Layla,

C   **Dm**
Beggin' dar - lin', please.

        C B♭
Layla,

C   **Dm**
Darlin', won't you ease my worried mind?

Maggie May

Words and Music by
Rod Stewart and Martin Quittenton

Melody:

Wake up, Mag-gie, I ___

Dsus2   D   Em   G   Bm   A   F#m7   A7   Dsus4

Intro

| Dsus2 D | Em | G | D Dsus2 |
| | D | Em | G | D Bm |

Verse 1

    A   G   D
Wake up, Maggie, I think I got somethin' to say to you.

       A   G   D
It's late September and I really should be back ___ at school.

   G   D
I know I keep you amused,

      G   A
But I feel I'm being used.

   Em   F#m7   Em
Oh Maggie, I couldn't have tried any - more.

Chorus 1

Dsus2 Em   A
You   led me away from home

      Em   A
Just to save you from being a - lone.

     Em   A   D
You stole my heart, and that's ___ what really hurts.

Verse 2

    A   G   D
The mornin' sun, when it's in your face, really shows your age.

    A   G   D
But that don't worry me none; ___ in my eyes you're ev - 'rything.

 G   D
I laughed at all of your jokes.

       G   A
My love ___ you didn't need to coax.

    Em   F♯m7   Em   Dsus2
Oh Maggie, I couldn't have tried any - more.

Chorus 2

      Em   A
You led me away from home

      Em   A
Just to save you from being a - lone.

      Em   A   G   D
You stole my soul, and that's a pain I can do without.

Verse 3

    A   G   D
All I needed was a friend to lend a guiding hand.

    A   G
But you turned into a lover, and mother what a lover;

       D
You wore ___ me out.

    G   D
All ___ you did was wreck my bed,

      G   A
And in the mornin' kick me in the head.

    Em   F♯m7   Em   Dsus2
Oh Maggie, I couldn't have tried any - more.

Chorus 3

      Em   A
You led me away from home

      Em   A
'Cause you didn't wanna be a - lone.

    Em   A   G   D
You stole my heart; I couldn't leave you if I tried.

Guitar Solo 1 | Em | A | D | G |

                 | Em   D | G | D | |

Verse 4

A   **G**   **D**
I suppose I could col - lect my books and get on back to school.

    A   **G**   **D**
Or steal my daddy's cue ___ and make a living out of playing pool,

    G   **D**
Or find myself a rock and roll band

     G   **A**
That needs a helping hand.

       Em   **F#m7**   **Em**   **Dsus2**
Oh Maggie, I wished I'd never seen your face.

Chorus 4

            Em   **A**
You made a first class fool out of me,

           Em   **A**
But I was blind as a fool can be.

      Em   **A**   **G**   **D**
You stole my heart, but I love you anyway.

Guitar Solo 2 | Em | A | D | G |

                 | Em   D | G | D | |

                 | Em | A | D | G |

                 | Em | G |

Mandolin Solo ||: D | Dsus4 | G | D   :|| *Play 5 times*

Outro

D   **Dsus4**   **G**   **D**
Maggie, I wished I'd nev - er seen your face.

   | | Dsus4 | G | D |

                      Dsus4 **G**   **D**
I'll get on back home   one of these days.

||: D | Dsus4 | G | D   :|| *Repeat and fade*

The Magic Bus

Words and Music by
Peter Townshend

Ev - 'ry day _ I | get in the queue _

Tune down 1/2 step:
F#-B-D#-G#

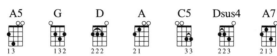

A5   G   D   A   C5   Dsus4   A7

Intro

N.C.			A5		
		G D	A		C5 G
A		C5 G	A		G D
A G		D	A		C5 G

Verse 1

    A   C5 G   D
Ev'ry day I get in the queue

      A   G   D
(Too much, the magic bus.)

      A   C5   G   D
To get on the bus that takes ___ me ___ to you.

      A   G   D
(Too much, the magic bus.)

    A   G   D   A
I'm so nervous, I ___ just sit and smile.

          G   D
(Too much, the magic bus.)

         A   G   D
Your house ___ is only an - other mile.

    A   G   D
(Too much, the magic bus.)

ACOUSTIC ROCK

Verse 2

<pre>
         A   C5   G   D
Thank you, driver, for getting me here.

     A   G   D
(Too much, the magic bus.)

        A   C5   G   D
You'll be an inspector, have ___ no___ fear.

     A   G   D
(Too much, the magic bus.)

     A   G   D
I don't wanna cause ___ no fuss,

     A   G   D
(Too much, the magic bus.)

       A   G   D
But can I buy your magic bus?

     A   G   D
(Too much, the magic bus.)
</pre>

Interlude

A5		N.C.		
A5				D
A			C5 G	

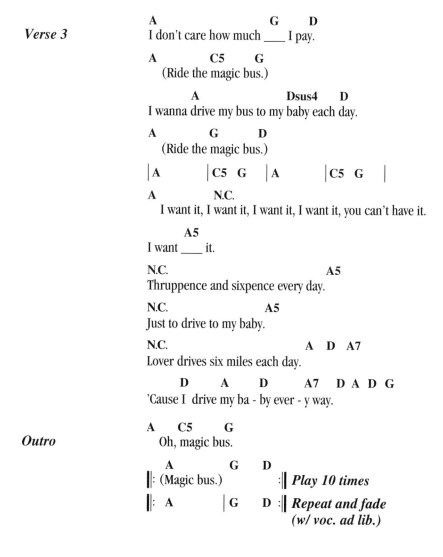

Verse 3

     A   **G**   **D**
I don't care how much ___ I pay.

     A   **C5**   **G**
  (Ride the magic bus.)

              A   **Dsus4**   **D**
I wanna drive my bus to my baby each day.

     A   **G**   **D**
  (Ride the magic bus.)

|**A** |**C5** **G** |**A** |**C5** **G** |

 A   **N.C.**
  I want it, I want it, I want it, I want it, you can't have it.

       A5
I want ___ it.

N.C.   **A5**
Thruppence and sixpence every day.

N.C.   **A5**
Just to drive to my baby.

N.C.   **A** **D** **A7**
Lover drives six miles each day.

         D   **A**   **D**   **A7** **D** **A** **D** **G**
'Cause I drive my ba - by ever - y way.

Outro

A   **C5**   **G**
  Oh, magic bus.

     A   **G**   **D**
‖: (Magic bus.)   :‖ *Play 10 times*

‖: **A** | **G**   **D** :‖ *Repeat and fade*
                                   (w/ voc. ad lib.)

Mrs. Robinson

Words and Music by
Paul Simon

Melody:

And here's to you, —

F♯ B7 E A D Bm E7 F♯m D/C♯

3121 1211 3331 21 222 3111 12 3 213 213

Intro

‖: F♯ | | | :‖

F♯
De, de, de, de, de, de, de, de, de, de, de, de, de.

B7
Do, do, do, do, do, do, do, do, do.

E   A   D   D/C♯ Bm
   De, de, de, de, de, de, de, de, de, de, de, de, de.

| F♯ | | E7 | |

                              A   F♯m
Chorus 1   And here's to you, ____ Mrs. Rob - inson,

A   F♯m   D
Jesus loves you more ____ than you will know.

              E
Whoa, whoa, whoa.

              A   F♯m
God bless you, please, Mrs. Rob - inson,

A   F♯m   D
Heaven holds a place ____ for those who pray.

              Bm   F♯
Hey, hey, hey, ____ hey, hey, hey.

Verse 1

F#
We'd like to know a little bit about you for our files.

B7
We'd like to help you learn to help yourself.

E7   A   D   D/C#   Bm
Look around you, all ____ you see are sympa - thetic eyes.

F#   E7
Stroll around the grounds un - til you feel at home.

Chorus 2   *Repeat Chorus 1*

Verse 2

F#
Hide it in a hiding place where no one ever goes.

B7
Put it in your pantry with your cupcakes.

E   A   D   D/C#   Bm
It's a little se - cret, just the Rob - in - son's affair.

F#   E7
Most of all you've got to hide ____ it from the kids.

Chorus 3

                  A   F#m
Coo, coo, cachoo, ____ Mrs. Rob - inson,

A   F#m   D
Jesus loves you more ____ than you will know.

                 E
Whoa, whoa, whoa.

             A   F#m
God bless you, please, Mrs. Rob - inson,

A   F#m   D
Heaven holds a place ____ for those who pray.

         Bm   F#
Hey, hey, hey, ____ hey, hey, hey.

Verse 3

F#
    Sitting on a sofa on a Sunday afternoon,

B7
    Going to the candidate's debate.

E   A
    Laugh about it, shout about it,

D   D/C#   Bm
When you've got to choose.

F#   E7
    Ev'ry way you look at this you lose.

Chorus 4

               A   F#m
Where have you gone, ___ Joe DiMag - gio?

A   F#m   D
A nation turns its lonely eyes to you.

            E
Woo, woo, woo.

         A   F#m
What's that you say, Mrs. Rob - inson,

A   F#m   D
"Joltin' Joe" has left and gone away.

        Bm   F#
Hey, hey, hey, ___ hey, hey, hey.

Outro   ‖: F# | :‖ *Repeat and fade*

More Than a Feeling

Words and Music by
Tom Scholz

Melody:

I looked out this morn - ing and the sun was gone, _

D Dsus4 Csus2 G Cadd9 Am
Em C E♭ Asus4 A Bm

Intro

‖: D   Dsus4   D │ Csus2   G   :‖ *Play 4 times*

Verse 1

 D   Dsus4 D   Csus2   G
I looked out this morn - ing and the sun was gone,

 D   Dsus4 D   Csus2   G
Turned on some mu - sic to start my day.

 D   Dsus4 D   Csus2 G
I lost my - self   in a famil - iar song.

 D   Dsus4 D
I closed my eyes

      Cadd9   G   Am Em   D Dsus4
And I slipped away.

Interlude 1

│ G   C │ Em D C │ G   C │ Em D │   │

Chorus 1

       G   C   Em
It's more than a feel - ing

 D   G   C   Em
When I hear that old song ___ they used to play.

 D   G   C   Em
  And I begin dream - ing

 D   G   C   E♭
Till I see Marianne ___ walk a - way.

Em   Asus4 A   G D   Em
  I see my Mar - ianne walkin' away.

ACOUSTIC ROCK

| *Interlude 2* | ‖: D |Csus2   G   :‖ |

| *Verse 2* | D   Dsus4   D   Csus2   G |

So many people ___ have come and gone,

       D   Dsus4 D   Csus2   G

Their faces fade   as the years ___ go by.

      D   Dsus4 D   Csus2   G

Yet I still re - call   as I wander on,

      D   Dsus4 D

As clear as the sun

      Cadd9   G   Am Em   D Dsus4

In the summer sky.

| *Interlude 3* | *Repeat Interlude 1* |

| *Chorus 2* | G   C   Em |

It's more than a feel - ing

D   G   C   Em

When I hear that old song ___ they used to play.

D   G   C   Em

  And I begin dream - ing

D   G   C   E♭

Till I see Marianne ___ walk a - way.

Em   Asus4 A   Bm A

  I see my Mar - ianne walkin' away.

G D   Asus4 A

Hey!

Guitar Solo	|D G |D A |D G |D A |
	|D G |Bm A |D Bm |Em A |
	|G |D Em |

| *Interlude 4* | D | | | Csus2 G | D | | Csus2 G | |

Verse 3

D   Dsus4 D   Csus2 G
When I'm tired ____ and think - ing cold,

     D   Dsus4 D   Csus2 G
I hide in my mu   -   sic, for - get the day

      D   Dsus4 D   Csus2   G
And dream of a girl   I used to know.

      D   Dsus4
I closed my eyes

D   Csus2   G   Csus2
   And she slipped a - way.

| D   Dsus4   D | Csus2   G   Csus2 |

| D   Dsus4   N.C. |

Csus2   G   D   Dsus4   D
       She slipped a - way

Csus2   G   Csus2   D   Dsus4   N.C.   Csus2   G
       Ah,   ah.

| Am   Em | D | | |

Interlude 5

Repeat Interlude 1

Chorus 3

      G   C   Em
It's more than a feel - ing

D   G   C   Em
When I hear that old song ____ they used to play.

D   G   C   Em
   And I begin dream - ing

D   G   C   Em   D
Till I see Marianne ____ walk a - way.

Outro

||: G   C | Em   D :|| *Repeat and fade*

More Than Words

Words and Music by
Nuno Bettencourt and Gary Cherone

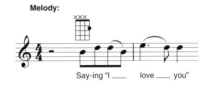

Tune down 1/2 step:
F♯-B-D♯-G♯

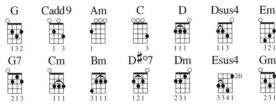

Intro

‖: G   Cadd9 | Am | C | D Dsus4 G   :‖

Verse 1

     G   Cadd9
     Sayin', "I love you"

     Am   C   D   Dsus4 G
     Is not the words I want to hear from   you.

                Cadd9   Am
     It's not that I want you   not to say,

         C   D   Dsus4 Em   Am D
     But if you on - ly   knew how easy it would be,

         G   D   Em
     To show me how you feel.

Chorus 1

      Am   **D**   **G7**   **C**
More than words is all you have to do to make it real.

      Cm   **G**   **Em**
Then you wouldn't have to say that you love me,

    Am   **D**   **G**
'Cause I'd al - ready know.

            D   **Em**   **Bm**   **C**
What would you do __ if my heart was torn in two?

                  Am
More than words to show you feel

      D   **G**
That your love for me is real.

           D   **Em**   **Bm**   **C**
What would you say __ if I took those words a - way?

                 Am
Then you couldn't make things new

      D   **G**
Just by say - in', "I love you."

Interlude

G Cadd9   **Am**
    La, dee, da , la, dee, da,

     C
Dee, dai, dai, da.

D   **Dsus4 G**   **Cadd9**
More than   words.

         Am D
La, dee, da, dai, da.

Verse 2

G   Cadd9   Am
Now that I've tried to   talk to you

C   D Dsus4 G
And make you un - der - stand,

Cadd9   Am
All you ___ have to do is close your eyes

C   D Dsus4 Em
And just reach out your   hands

Am   D   G D   Em
And __ touch me, hold me close, don't ever let me go.

Chorus 2

Am   D   G7   C
More than words is all I ever needed you to show.

Cm   G
Then you wouldn't have to say

Em
That you love me,

Am   D   D#°7 G
'Cause I'd al - read - y   know.

D
What would you do

Em   Bm   C
If my heart was torn in two?

Am
More than words to show you feel

D   G
That your love for me is real.

D
What would you say

Em   Bm   C
If I took those words a - way?

Am
Then you couldn't make things new

D   G   Cadd9
Just by say - ing "I love   you."

Outro

                                    Am
‖: La, dee, da, dai, dai,

                 C
Dee, dai, dai, da.

D   Dsus4 G   Cadd9
More than   words.   :‖ *Play 3 times*

                    Am
La, dee, da, dai, dai,

                 C
Dee, dai, dai, da.

D   Dsus4 G   D
More than   words.

Dm   Esus4
Oo, oo, oo, oo,

          Am   D
Oo, oo,   oo.

N.C.   G   Cadd9 G Gm Am G
More than words.

Night Moves

Words and Music by
Bob Seger

Melody:

I was a lit-tle too tall,   could a used a

Tune up 1/2 step:
Ab-Db-F-Bb

| G | F | C | D | Em | Cmaj7 | G7 | Bm | Am |

1 3 2   2 1   3   1 1 1   3 2 1   2   2 1 3   3 1 1 1   1

Intro   ‖: G | F C | | F   :‖

Verse 1
G   F   C
   I was a little too tall, could a used a few pounds.

                     F
Tight pants, points, hardly renown.

G   F   C
   She was a black-haired beauty with big, dark eyes,

                     F
And points all her own, sittin' way up high,

| G | F C |
   Way up firm and high.
             F

G   F   C
   Out past the cornfields, where the woods got heavy,

                    F
Out in the back seat of my sixty Chevy,

G   F   C
   Working on myst'ries without any clues.

Chorus 1

        D   Em   D C
Work - in' on our night moves,

        D   Em   D C
Try'n' to make some   front page, drive - in news.

        D   Em   D   C   Cmaj7
Work - in' on our night moves,

G   F   C
  In the summertime.

        F G   F   C   F
Mm,   in the sweet summertime.

Verse 2

G   F   C
  We weren't in love. Oh, no, far from it.

                                      F
We weren't searchin' for some pie-in-the-sky summit.

G   F   C
We were just young and restless and bored,

                F
Living by the sword.

G   F   C
And we'd steal away ev'ry chance we could,

                              F
To the backroom, to the alley, or the trusty woods.

G   F   C
  I used her, she used me, but neither one cared,

We were gettin' our share.

                              D   Em   D   C
Chorus 2   Work - in' on our night moves,

                              D   Em   D   C
                    Tryin' to lose the   awkward teen - age blues.

                              D   Em   D   C Cmaj7
                    Work - in' on our night moves,   mm,

                    G   F   C
                    And it was summertime.

                          F   G   F   C   D
                    Mm,   sweet summertime, sum - mertime.

Interlude 1 |Em | D |G |G7 |

                         Cmaj7 G
Bridge   And, oh, the wonder.

                    Cmaj7
                    We felt the lightning. Yeah,

                    F
                    And we waited on the thunder.

                    D   G
                    Waited on the thunder.

Verse 3

G
I awoke last night to the sound of thunder.

Cmaj7
"How far off?" I sat and wondered.

G
Started humming a song from nineteen-sixty-two.

Cmaj7   Em
Ain't it funny how the night moves?

C   Em
When you just don't seem to have as much to lose.

C   Em
Strange how the night moves

C Cmaj7
With autumn closing in.

Interlude 2

```
|G      |       |              |  F  C |
|G      |  F  |G             |  F  C |
         Mm.         Night moves.
|G      |  F  |
  Mm.
```

Outro

```
     G                        F    C
||: (Night moves.) Night moves.

                         F
(Night moves.) Yeah.      :||  Play 7 times

     G
(Night moves.) Night moves.

F  C                D
     I remember. Oh!

Em
Ooh, ooh.

Bm
  Ah, yeah, yeah, yeah, yeah.

Am    C    G
  Ah,    ah.   I remember, I remember.
```

Norwegian Wood
(This Bird Has Flown)

Words and Music by
John Lennon and Paul McCartney

Melody:

I once had a girl, ___

Tune down 1/2 step:
F#-B-D#-G#

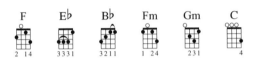

F   Eb   Bb   Fm   Gm   C

Intro   ‖: F | | Eb Bb | F   :‖

Verse 1

   F
I once had a girl,

Or should I say

Eb   **Bb** **F**
She once had me?

She showed me her room,

Isn't it good,

Eb   **Bb** **F**
Norwe - gian wood?

Bridge 1

      Fm   **Bb**
She asked me to stay and she told me to sit anywhere.

      Fm   **Gm** **C**
So I looked around and I noticed there wasn't a chair.

Verse 2

F
I sat on a rug

Biding my time,
Eb   Bb F
Drinking her wine.

We talked until two,

And then she said,
Eb   Bb F
"It's time for bed."

Interlude   ‖: F | | Eb Bb | F   :‖

Bridge 2
Fm   Bb
She told me she worked in the morning and started to laugh.
Fm   Gm C
I told her I didn't and crawled off to sleep in the bath.

Verse 3
F
And when I awoke

I was alone,
Eb   Bb F
This bird had flown.

So I lit a fire,

Isn't it good,
Eb   Bb F
Norwe - gian wood?

Outro | F | | Eb Bb | F

Only Wanna Be with You

Words and Music by Darius Carlos Rucker,
Everett Dean Felber, Mark William Bryan
and James George Sonefeld

Melody:

You and me, ___ we come from diff-'rent worlds, _

Tune down 1/2 step:
F#-B-D#-G#

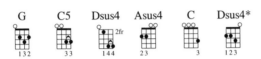

G   C5   Dsus4   Asus4   C   Dsus4*

Intro

|G   C5 |G   C5 |G   C5 |Dsus4 |

‖: G   C5 :‖ *Play 4 times*

Verse 1

    G   C5   G   C5
You and me, we come from diff'rent worlds,

    G   C5   G   C5
You like to laugh at me when I look ___ at other girls.

    G   C5   G   C5
Sometimes you're crazy,   and you wonder why

    G   C5   G   C5
I'm such a baby 'cause the Dol - phins make me cry.

Chorus 1

                  Asus4
But there's nothin' I can do,

    C   G   C5   G   C5
I've been lookin' for a girl like you.

Verse 2

G   C5   G   C5
You look at me, you got nothing left to say.

G   C5   G   C5
I moan and pout at you un - til I get my __ way.

G   C5   G   C5
I won't dance,   you won't sing.

G   C5
I just want to love you,

        G   C5
But you want to wear my __ ring.

Chorus 2

             Asus4
But there's nothin' I can do,

C   G   C5   G   C5
I only want to be with you.

          C
You can call me your fool,

Dsus4*   G   C5   G   C5
I only want to be with you.

Verse 3

G   C5   G   C5
Put on a little Dylan,   sittin' on a fence.

G   C5
I say, "That line is great."

      G   C5
You ask me what I meant by,

G   C5
"Said I shot a man named Gray,

G   C5
Took his wife to Italy.

G   C5
She inherits a million bucks,

      G   C5
And when she died it came to me."

	Asus4
Chorus 3	I can't help it if I'm lucky,"

		G	C5	G	C5
C					

I only want to be with you.

C

Ain't Bobby so cool?

Dsus4*   **G**

I only want to be with you.

Solo   ‖: G   C5 │ G   C5 :‖ *Play 8 times*

	Asus4
Chorus 4	Yeah, I'm tangled up in blue,

C   **G**   **C5**   **G**   **C5**

I only want to be with you.

          Asus4

You can call me your fool,

Dsus4*   **G**   **C5**   **G**   **C5**

I only want to be with you.

│ G   C5 │ G   C5 │

Verse 4

     G   **C5**   **G**   **C5**
Sometimes I wonder   if we'll ever end.

G   **C5**
You get so mad at me

        G   **C5**
When I go out with my friends.

G   **C5**
Sometimes you're crazy,

G   **C5**
And you wonder why.

G   **C5**
I'm such a baby, yeah,

      G   **C5**
The Dol - phins make me cry.

Chorus 5

          Asus4
But there's nothin' I can do,

C   **G** **C5** **G** **C5**
I only want to be with you.

        C
You can call me your fool,

Dsus4*   **G** **C5** **G** **C5**
I only want to be with you.

        C   **Dsus4***
Yeah, I'm tangled up in blue,

        G **C5** **G**
I only want to be with you.

  C5   **G** **C5** **G**
‖: I only want to be with you.   :‖ *Play 4 times*

Patience

Words and Music by W. Axl Rose, Slash,
Izzy Stradlin', Duff McKagan and
Steven Adler

Melody:

Shed a tear 'cause I'm miss-in' ___ you, ___

Tune down 1/2 step:
F♯-B-D♯-G♯

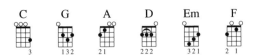

Intro

```
||: C    |       | G     |       :||
|  A      |       | D     |       |
|  C      | G     | C     | Em    |
|  C      | G     | D     |       |
```

Verse 1

    C   G
Shed a tear 'cause I'm missin' you,   I'm still alright to smile.

A   D
Girl, I think about you ev'ry day ___ now.

C   G
Was a time when I wasn't sure but you   set my mind at ease.

A   D
There is no doubt you're in my heart ___ now.

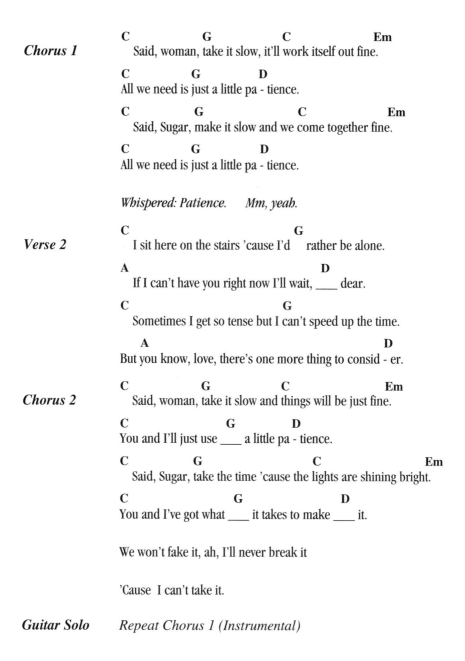

Chorus 1

C   G   C   Em
Said, woman, take it slow, it'll work itself out fine.

C   G   D
All we need is just a little pa - tience.

C   G   C   Em
Said, Sugar, make it slow and we come together fine.

C   G   D
All we need is just a little pa - tience.

Whispered: Patience.   Mm, yeah.

Verse 2

C   G
I sit here on the stairs 'cause I'd   rather be alone.

A   D
If I can't have you right now I'll wait, ___ dear.

C   G
Sometimes I get so tense but I can't speed up the time.

A   D
But you know, love, there's one more thing to consid - er.

Chorus 2

C   G   C   Em
Said, woman, take it slow and things will be just fine.

C   G   D
You and I'll just use ___ a little pa - tience.

C   G   C   Em
Said, Sugar, take the time 'cause the lights are shining bright.

C   G   D
You and I've got what ___ it takes to make ___ it.

We won't fake it, ah, I'll never break it

'Cause I can't take it.

Guitar Solo   *Repeat Chorus 1 (Instrumental)*

Outro   ‖: D |G   :‖

```
D      G           D          G
   Little patience, mm, yeah, mm, yeah.

               D          G            D              G
Need a little pa - tience, yeah, ____ just a little pa - tience, yeah.

D                              G
   I been walkin' the streets at night    just tryin' to get it right.

D
   Hard to see with so many around,

   G
You know I don't like being stuck in the crowd

        D
And the streets don't change but baby the name.

G                                    D
   I ain't got time for the game 'cause I need ____ you, yeah, yeah,

          G              F
But I need ____ you, oo, I need ____ you, whoa,

        G            D    G   D
I need ____ you, oo, this time. ____    *Ah.*
```

Run Around

Words and Music by
John Popper

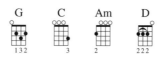

G   C   Am   D

Intro

‖: G C Am | D :‖ *Play 6 times*

Verse 1

       G   C Am   D
Oh, once up - on a midnight dearie

           G   C   Am D
I woke   with some - thing in my head.

     G   C   Am   D
I couldn't es - cape the memo - ry

            G   C   Am   D
Of a phone __ call and of __ what you said.

Verse 2

          G   C   Am   D
Like a game show contestant with a parting gift,

           G C   Am D
I could not   be - lieve my eyes

           G   C   Am   D
When I saw   through the voice of a trusted friend

           G   C   Am   D
Who needs to humor me and tell me lies.

          G   C   Am   D
Yeah, hu - mor me and tell me lies.

Verse 3

```
        G    C           Am   D
And I'll lie   too, and say I don't mind,

        G         C    Am    D
And as we seek, __ so shall we find.

        G               C        Am    D
And when you're feel - ing open I'll still be here,

        G           C           Am    D
But not without a certain de - gree of fear

        G     C Am            D
Of what will be  with you and me.

        G    C       Am       D
I still    can see things hopeful - ly.
```

Chorus 1

```
            G    C    Am
But you,

D              G       C     Am
Why you wanna give me a runa - round?

D        G    C       Am         D
Is it a sure - fire __ way to speed things up?

        G       C      Am  D    G    C   Am   D
When all it does is slow _____ me down.
```

Verse 4

```
        G    C        Am   D
And shake me and my confi - dence

        G    C        Am   D
About a great many things,

            G       C    Am  D
But I've been __ there, I can see it cower

        G                C          Am   D
Like a nervous magician waiting in the wings
```

Verse 5

```
        G  C          Am       D
Of a bad play where the heroes are right

        G      C        Am       D
And nobody thinks or ex - pects too much.

        G           C          Am  D
And Hollywood's calling for the movie rights,

           G            C    Am   D
Singing, "Hey, babe, let's keep in touch."

           G      C     Am     D
Hey, ba - by, let's keep in touch."
```

Verse 6

```
           G           C         Am            D
But I want more than a touch, I want you to reach me

    G             C        Am      D
And show me all the things no one else can see.

     G      C         Am      D
So what you feel becomes mine as well.

     G                C          Am   D
And soon, if we're luck - y, we'd be un - able to tell

        G        C     Am      D
What's yours and mine, the fishing's fine,

             G        C              Am        D
And it does - n't have to rhyme, so don't you feed me a line.
```

Chorus 2   *Repeat Chorus 1*

Solo   ‖: G C Am │   D   :‖ *Play 6 times*

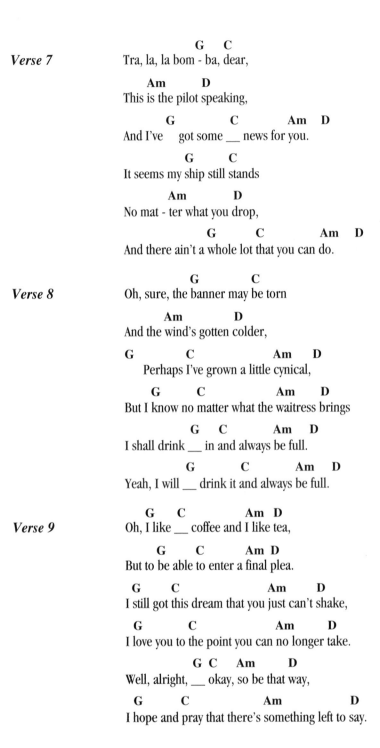

Verse 7

	G	C

Tra, la, la bom - ba, dear,

    Am   **D**

This is the pilot speaking,

       G   **C**   **Am**   **D**

And I've   got some __ news for you.

             G   **C**

It seems my ship still stands

      Am   **D**

No mat - ter what you drop,

                G   **C**   **Am**   **D**

And there ain't a whole lot that you can do.

Verse 8

            G   **C**

Oh, sure, the banner may be torn

      Am   **D**

And the wind's gotten colder,

G   **C**   **Am**   **D**

    Perhaps I've grown a little cynical,

     G   **C**   **Am**   **D**

But I know no matter what the waitress brings

         G   **C**   **Am**   **D**

I shall drink __ in and always be full.

         G   **C**   **Am**   **D**

Yeah, I will __ drink it and always be full.

Verse 9

     G   **C**   **Am** **D**

Oh, I like __ coffee and I like tea,

     G   **C**   **Am** **D**

But to be able to enter a final plea.

G   **C**   **Am**   **D**

I still got this dream that you just can't shake,

G   **C**   **Am**   **D**

I love you to the point you can no longer take.

        G **C** **Am**   **D**

Well, alright, __ okay, so be that way,

G   **C**   **Am**   **D**

I hope and pray that there's something left to say.

Chorus 3
      G   C   Am
But you,

D   G   C   Am
Why you wanna give me a runa - round?

D   G   C   Am   D
Is it a sure - fire __ way to speed things up?

      G   C   Am   D
When all it does is slow me down.

     G   C   Am
Oh, you.

D   G   C   Am
Why you wanna give me a runa - round?

D   G   C   Am   D
Is it a sure - fire __ way to speed things up?

      G   C   Am D   G   C   Am   D
When all it does is slow _____ me down.

Outro   ‖: G C Am | D :‖ *Repeat and fade*

Pink Houses

Words and Music by
John Mellencamp

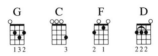

Intro   ‖: G | C   G   :‖ *Play 4 times*

Verse 1
                                          G
Well, there's a black __ man with a black cat,

Livin' in a black neighborhood.

He's got an interstate runnin' through his front yard,
                                  F   C   G
And you know he thinks ___ he's got it so good.

And there's a woman in the kitchen,

Cleaning up the evening slop.
                F
And he looks at her and says, "Hey darlin',
C   G
   I can remember when you could   stop a clock."

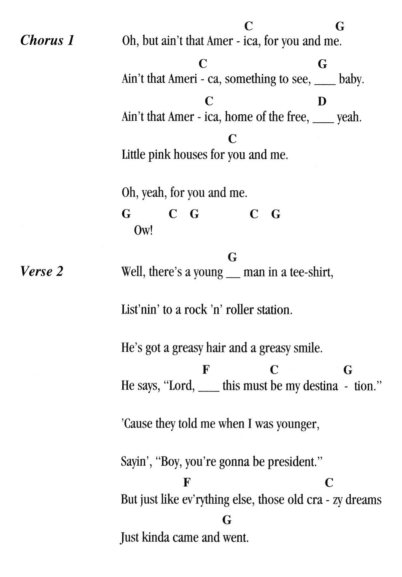

Chorus 1

                                 C   **G**
Oh, but ain't that Amer - ica, for you and me.

                   C   **G**
Ain't that Ameri - ca, something to see, ___ baby.

                  C   **D**
Ain't that Amer - ica, home of the free, ___ yeah.

                 C
Little pink houses for you and me.

Oh, yeah, for you and me.

G   **C** **G**   **C** **G**
  Ow!

Verse 2

                     G
Well, there's a young ___ man in a tee-shirt,

List'nin' to a rock 'n' roller station.

He's got a greasy hair and a greasy smile.

               F   **C**   **G**
He says, "Lord, ___ this must be my destina - tion."

'Cause they told me when I was younger,

Sayin', "Boy, you're gonna be president."

               F   **C**
But just like ev'rything else, those old cra - zy dreams

             G
Just kinda came and went.

Chorus 2

                    C   G

Oh, but ain't that Amer - ica, for you and me.

           C   G

Ain't that Amer - ica, something to see, ___ baby.

           C   D

Ain't that Amer - ica, home of the free, ___ yeah.

               C

Little pink houses for you and me.

                   G   C   G

Oh, build them, baby, for you and me.

| | | C G | | C G |

Interlude   ‖: F | C | G | :‖ *Play 4 times*

             | | |

                     G

Verse 3   Well, there's peo - ple, and more people.

What do they know, know, know?

Go to work in some high rise

           F   C   G

And va - cation down at the Gulf of Mexico, ___ ooh, yeah.

And there's winners and there's losers,

But they ain't no big deal.

               F   C

'Cause the sim - ple man, baby, pays for the thrills,

             G

The bills, the pills that kill.

                                                C   G
Chorus 3   Oh, but ain't that Amer - ica, for you and me.

                                      C   G
                    Ain't that Amer - ica, something to see, ___ baby.

                                      C   D
                    Ain't that Amer - ica, home of the free, ___ yeah.

                                      C
                    Little pink houses for you and me. Ooh.

                    G
                      Ooh, yeah!

                                                C   G
Chorus 4   Oh, but ain't that Amer - ica, for you and me.

                                      C   G
                    Ain't that Amer - ica, something to see, ___ baby.

                                      C   D
                    Ain't that Amer - ica, home of the free.

                                                       C
                    Ooh, yeah, yeah, yeah, yeah, yeah, yeah, yeah.

                                                    G
                    Little pink houses, babe, for you and me.

                    C   G
Outro   Ooh, yeah.

                    C   G   C   G   C   G
                    Ooh, yeah.

Seven Bridges Road

Words and Music by
Stephen T. Young

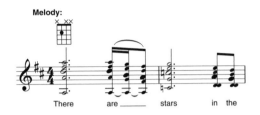

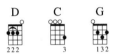

Verse 1

N.C.
There are stars in the southern sky,

Southward as you go.

There is moonlight and moss in the trees

Down the Seven Bridges Road.

Interlude

D			C	
G	D			

Verse 2

```
          D    C    G         D
Now I have loved you like a ba - by,

              C       G    D
Like some lonesome child.

              C    G           D
And I have loved you in a tame ___ way,

              C    G    D
And I have loved wild.
```

Bridge

```
              C                 D
Some - times there's a part ___ of me

          C                 D
Has to turn from here and go.

C                         D
Runnin' like a child from these warm stars

              C     G    D
Down the Seven Bridges Road.
```

Verse 3

```
              N.C.
There are stars in the southern sky,

And if ever you decide you should go,

There is a taste of time sweet and honey

Down the Seven Bridges Road.
```

Show Me the Way

Words and Music by
Peter Frampton

D   Dmaj7   Bm   B♭   C   A7sus4   G   G/A

222   213   3111   3211   4   223   132   1132

Intro   ‖: D |Dmaj7 |Bm |B♭ C :‖ *Play 4 times*

Verse 1

     D
I wonder how you're feeling,

      Dmaj7
There's   ringing in my ears,

     Bm
And no one to relate to

       B♭   **C**
'Cept the sea.

     D
Who can I believe in?

     Dmaj7
I'm   kneeling on the floor.

     Bm
There has to be a force,

      B♭
Who do ___ I phone?

Bridge 1

        A7sus4
The stars around me shining,

        G
But all I really want to know...

Chorus 1

        Bm
Oh, won't you

        G
Show me the way,

Ev'ry day.

        Bm
I want you

        G   **G/A**
To show me the way, yeah.

Interlude 1 | **D** | **Dmaj7** | **Bm** | **B♭** **C** |

Verse 2

        D
Well, I can see no reason,

        Dmaj7
Your living on your nerves,

        Bm
When someone drops a cup,

        B♭   **C**
And I __ submerge.

        D
I'm swimming in a circle,

        Dmaj7
I   feel I'm going down.

        Bm
There has to be a fool

        B♭
To play __ my part.

Bridge 2

A7sus4
Someone thought of healing

G
But all I really want to know...

Chorus 2

Bm
Oh, won't you

G
Show me the way,

Ev'ry day.

Bm
I want you

G
To show me the way, oh.

Bm
I want you

G   G/A
Day after day,   hey.

Solo

D		Dmaj7		
Bm		B♭		C
D		Dmaj7		
Bm		G		

Verse 3

     D
And I wonder if I'm dreaming,

Dmaj7
I   feel so unashamed.

Bm   **B♭**
I can't believe this is happening to me.

Bridge 3

A7sus4
I watch you when you're sleeping,

           G
Oh, then I __ wanna take your love...

Chorus 3

          Bm
Oh, won't you

         G
Show me the way,

Ev'ry day.

        Bm
I want you

             G
To show me the way,

One more time.

        Bm
I want you

      G
Day after day, hey.

      Bm
I want you

      G   **G/A**
Day after day,   hey.

| *Interlude 2* | | D | | Dmaj7 | | Bm | | G | | |

                                               Bm

Chorus 4   I want you

                              G

To show me the way

Ev'ry day.
    Bm

I want you

                              G

To show me the way

Night and day.
    Bm

I want you

                G   **G/A**

Day after day,

          D

Hey, hey,

    Dmaj7   **Bm**   **B♭ C   D**

Oh.

Silent Lucidity

Words and Music by
Chris DeGarmo

Melody:

Hush now, don`t you cry, _____

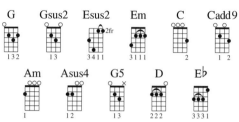

Intro

| G Gsus2 | G Gsus2 | Esus2 Em |
| Esus2 Em |

Verse 1

G   Gsus2   G
 Hush now, don't you cry,

Gsus2   Esus2   Em Esus2 Em
Wipe away the tear - drop from your eye.

G   Gsus2   G
 You're lying safe in bed,

  Gsus2   Esus2   Em Esus2 Em
It was all a bad dream spinning in your head.

C   Cadd9   C
 Your mind tricked you to feel the pain

Cadd9   Am
Of someone close to you

       Asus4 Am Asus4
Leaving the game of life.

C   Cadd9   C
 So here it is, ____ another chance,

Cadd9   Am
Wide awake you face ____ the day,

   Asus4   G5
Your dream is over…or has it just begun?

Interlude |G Gsus2 |G Gsus2 |Esus2 Em |

|Esus2 Em |

Verse 2
G   Gsus2   G
   There's a place I like to hide,

   Gsus2   Esus2   Em   Esus2   Em
A doorway that I run through in the night.

G   Gsus2   G
   Relax, child, you were there,

   Gsus2   Esus2   Em   Esus2   Em
But only didn't realize it, and you were scared.

C   Cadd9   C   Cadd9
   It's a place where you will learn ___ to face your fears,

   Am   Asus4   Am   Asus4
Re - trace the years and ride the whims of your mind.

C   Cadd9   C
   Commanding in another world,

Cadd9   Am   Asus4   Am   Asus4
Suddenly, you hear and see this magic new dimen - sion.

Chorus 1
   D   C
(I...) _____   Will be watching over you.

   D   C
(I...) _____   Am gonna help to see it through.

   D   C
(I...) _____   Will protect you in the night.

   D   Csus2
(I...) _____   Am smiling next to you,

                   G   Gsus2   G   Gsus2
In silent lucidity.

Guitar Solo |E♭ | |C |

| |E♭ | |

|C |N.C.(C/B♭) |N.C.(A♭) |

|(G) |(F) |(E♭) |

|(D) |(C) |(B♭) |

|(A♭) |(G) | |

Verse 3

G   Gsus2   G
If you open your mind for me,

    Gsus2   Esus2   Em   Esus2   Em
You won't rely on open eyes to see.

G   Gsus2   G
The walls you built within,

    Gsus2   Esus2   Em   Esus2 Em
Come tumbling down and a new world will begin.

C   Csus2   C
Living twice at once, you learn

    Csus2   Am
You're safe from pain in the dream domain.

  Asus4   Am   Asus4
A soul set free to fly.

C   Csus2   C
A round-trip journey in your head,

Csus2   Am   Asus4
Master of illu - sion, can you realize

   Am   Asus4
Your dream's alive, you can be the guide but…

Chorus 2

D   C
(I…) _____ Will be watching over you.

D   C
(I…) _____ Am gonna help to see it through.

D   C
(I…) _____ Will protect you in the night.

D   Csus2
(I…) _____ Am smiling next to you,

Outro

‖: G   Gsus2 :‖ *Play 5 times*
| G

Somebody to Love

Words and Music by
Darby Slick

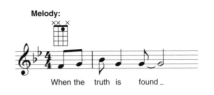

When the   truth   is   found

Tune down 1/2 step:
F♯-B-D♯-G♯

Gm   C   F   B♭

Verse 1

Gm   C
When the truth is found

F   Gm
To be _____ lies,

              C
And all the joy

      F   Gm
With - in you _____ dies,

Chorus 1

N.C.   B♭   F   Gm
Don't you want some - body to love?

C   B♭   F   Gm
Don't you need some - body to love?

C   B♭   F   Gm
Wouldn't you love some - body to love?

C   B♭   C   Gm
You better find__ some - body to love.

Interlude 1

| F | Gm | F | Gm | | |

Verse 2

      Gm   C
When the garden's flowers,

     F   Gm
Ba - by, are ____ dead,

Yes, and your mind,

       C F   Gm
Your mind __ is so full of red.

Chorus 2   *Repeat Chorus 1*

Verse 3
                  Gm
Your eyes,

I say your eyes may look like his.

                        C
Yeah, but in your head, baby,

                    Gm
I'm afraid you don't know where it is.

Chorus 3   *Repeat Chorus 1*

Interlude 2 | **F** | **C** **B♭** | | **Gm** | |

Verse 4
Gm   **C**
Tears are running,

                  Gm   **C** **F**
They're all run - ning down your breast,

      Gm   **C**
And your friends, baby,

       F   **Gm**
They treat you like a guest.

Chorus 4   *Repeat Chorus 1*

Outro
Gm	**C**		
Gm	**F**	**Gm**	**C** **F**
Gm	**C** **F**	**Gm**	**C** **F**
Gm	**B♭ F**	**C**
B♭ F	**C**	**B♭ F**	**C**	**B♭ C**

The Sound of Silence

Words and Music by
Paul Simon

Melody:

Hel-lo   dark-ness, my old   friend,

Tune down 1/2 step:
F♯-B-D♯-G♯

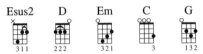

Esus2   D   Em   C   G

311   222 321   3   132

Verse 1

       Esus2   **D**
       Hello darkness, my old friend,

                           Em
  I've come to talk with you a - gain.

                   C   **G**
  Because a vision softly __ creeping,

                  C   **G**
  Left it's seeds while I was ____ sleeping.

         C   **G**
  And the vision that was planted in my brain

            Em G   **D**   **Em**
  Still remains   within the sound of silence.

Verse 2

                    D
  In restless dreams I walked a - lone

                 Em
  Narrow streets of cobble - stone.

                C   **G**
  'Neath the halo of a ____ streetlamp

                C   **G**
  I turned my collar to the cold and damp.

         C   **G**
  When my eyes were stabbed by the flash of a neon light

            Em G   **D**   **Em**
  That split the night   and touched the sound of silence.

Verse 3

                                    D
And in the naked light I saw

                                          Em
Ten thousand people, maybe more.

                                    C   **G**
People talking without ____ speaking;

                                    C   **G**
People hearing without ____ list'ning.

                              C   **G**
People writing songs that voices never share.

                        Em G   **D**   **Em**
And no one dare   disturb the sound of silence.

Verse 4

                                    D
"Fools!" said I, "You do not know

                              Em
Silence like a cancer grows.

                                          C   **G**
Hear my words that I might ____ teach you.

                                          C   **G**
Take my arms that I might ____ reach you."

                  C   **G**
But my words like silent raindrops fell,

Em   **G**   **D**   **Em**
   And echoed in the wells of silence.

Verse 5

                                    D
And the people bowed and prayed

                              Em
To the neon god they made.

                                    C   **G**
And the sign flashed out its ____ warning.

                              C   **G**
In the words that it was ____ forming.

                              C
And the signs said, "The words of the prophets

                                    G   **Em**
Are written on the subway walls ____ and tenement halls."

G   **D**   **Em**
   Whisper the sounds of silence.

Space Oddity

Words and Music by
David Bowie

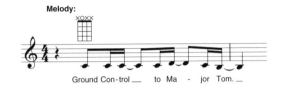

Ground Con-trol __ to Ma - jor Tom. __

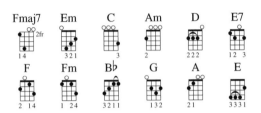

Fmaj7	Em	C	Am	D	E7
F	Fm	B♭	G	A	E

Intro   ‖: Fmaj7 | Em   :‖ *Play 4 times*

Verse 1
C   Em
Ground Control to Major Tom.

C   Em
Ground Control to Major Tom.

Am   D
Take your protein pills and put your helmet on.

Verse 2
C   Em
Ground Control to Major Tom,

C   Em
Commencing countdown; engines on.

Am   D
Check ig-nition and may God's love be with you.

| N.C. | | | |

Chorus 1

```
C                                    E7
This is Ground Control to Major Tom,
                           F
You've really made the grade
       Fm              C              F
And the papers want to know ____ whose shirts you wear.
       Fm          C          F
Now it's time to leave the capsule if you dare.
C                                    E7
This is Major Tom to Ground Control,
                           F
I'm stepping through the door
       Fm              C          F
And I'm floating in a most ____ a peculiar way
           Fm          C          F
And the stars ____ look very different today.
```

Bridge 1

```
       Fmaj7     Em
For here am I   sitting in a tin can,

Fmaj7            Em
Far above the world.

Bb         Am            G          F
Planet Earth is blue and there's nothing I can do.
```

Interlude 1

```
|C  F  G  A |C  F  G  A |Fmaj7         |
|Em         |A          |C             |
|D          |E          |
```

Chorus 2

C   E7
Though I'm past one hundred thousand miles

              F
I'm feeling very still

   Fm   C   F
And I think my spaceship knows which way to go.

       Fm   C   F
Tell my wife I love her very much. She knows.

G   E7
Ground Control to Major Tom,

     Am
Your circuit's dead, there's something wrong.

      D
Can you hear me, Major Tom?

      C
Can you hear me, Major Tom?

      G
Can you hear me, Major Tom?

Can you…

Bridge 2

Fmaj7   Em
Here am I floating 'round my tin can,

Fmaj7   Em
Far above the moon.

B♭   Am   G   F
Planet Earth is blue and there's nothing I can do.

Interlude 1

C F G A	C F G A	Fmaj7	
Em	A	C	
D			

Outro

‖: E | :‖ *Repeat and fade*

Strong Enough

Words and Music by Kevin Gilbert,
David Baerwald, Sheryl Crow, Brian McLeod,
Bill Bottrell and David Ricketts

Melody:

God, I feel _ like hell _ to - night.

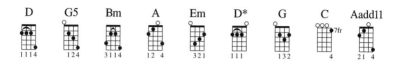

D   G5   Bm   A   Em   D*   G   C   Aadd11

Intro   ‖: D   G5 | Bm   A :‖   *Play 4 times*

Verse 1
```
D                    G5    Bm       A
God, I feel like hell ___ to - night.

D                    G5   Bm    A
Tears of rage I can - not fight.

            D                G5   Bm
I'll be the last to help you un - der - stand.

A    D               G5    Bm
Are you strong enough to be ___ my man?

A    D    G5    Bm       A
 My ___ man.
```

ACOUSTIC ROCK

Interlude 1   ‖: D   G5 │Bm   A :‖ *Play 3 times*

Verse 2
         D   G5   Bm   A
         Nothing's true and noth - ing's right.

                 D   G5   Bm   A
         Just let me be alone ____ to - night,

                 D   G5   Bm
         'Cause you can't change the way ____ I am.

         A   D   G5   Bm   A
         Are you strong enough to be ____ my man?

Chorus 1
         Em D*   G   A
         Lie ____ to me,

           Bm   C   G   A
         I promise, I believe.

         Em D*   G   A
         Lie ____ to me,

            Bm   C   G   A
         But please, don't leave.

Interlude 2   │D   G5 │Bm   A │
                          Don't leave.

                 ‖: D   G5 │Bm   A :‖ *Play 3 times*

Verse 3

```
D                G5   Bm      A
I have a face I can  -  not show.

  D                    G5   Bm       A
I make the rules up as ____ I go.

    D                G5      Bm
Just try and love me if ____ you can.

A      D                  G5    Bm      A
Are you strong enough to be ____ my man?

   D    G5   Bm
My ____ man.

Aadd11 D            G5       Bm
Are you   strong enough to be my man?

Aadd11 D            G5     Bm
Are you   strong enough to be my man?

Aadd11 D                 G5        Bm        Aadd11
Are you   strong enough to be ____ my man?
```

Verse 4

```
            D                G5    Bm     A
Now when I show you that I just ____ don't care,

            D                 G5    Bm    A
When I'm throwing punches in ____ the air,

            D              G5    Bm
When I'm broken down and I ____ can't stand,

       A    D              G5    Bm     A
Would you be man enough to be ____ my man?
```

Chorus 2

```
Em  D*    G    A
Lie ____ to me,

 Bm      C    G    A
I promise, I believe.

Em  D*    G    A
Lie ____ to me,

  Bm     C    G    A    D
But please, don't leave.
```

Suite: Judy Blue Eyes

Words and Music by
Stephen Stills

It's   get-ting   to ___   the   point ___

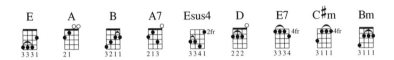

Intro | E | | | |
             | | | | |

Verse 1
                                                A
                         It's getting to the point

                                        E   **B**
                         Where I'm no fun anymore.

                                A   **A7**
                         I am sorry.

                         E   **A**
                                 Sometimes it hurts

                                        E   **B**
                         So badly I must cry out loud.

                                A   **A7**
                         I am lonely.

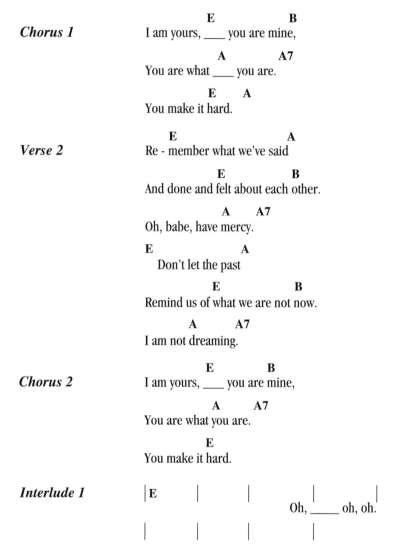

Chorus 1

          E   **B**
I am yours, ___ you are mine,

          A   **A7**
You are what ___ you are.

         E   **A**
You make it hard.

Verse 2

       E   **A**
Re - member what we've said

           E   **B**
And done and felt about each other.

       A   **A7**
Oh, babe, have mercy.

E   **A**
  Don't let the past

         E   **B**
Remind us of what we are not now.

       A   **A7**
I am not dreaming.

Chorus 2

       E   **B**
I am yours, ___ you are mine,

       A   **A7**
You are what you are.

       E
You make it hard.

Interlude 1

E			

Oh, ___ oh, oh.

                                E   A
Verse 3   Tearing yourself

                                         E   B
                            Away from me now, you are free,

                                    A   A7
                            And I am crying.

                            E   A
                                This does not mean

                                            E
                            I don't love you, I do,

                                    B
                            That's for - ever,

                                    A   A7
                            Yes, and for always.

Chorus 3   *Repeat Chorus 1*

                            E   A
Verse 4   Something inside

                                         E   B
                            Is telling me that I've got your secret.

                                    A   A7
                            Are you still list'ning?

                            E   A
                                Fear is the lock

                                         E   B
                            And laughter the key to your heart.

                                    A   A7
                            And I love you.

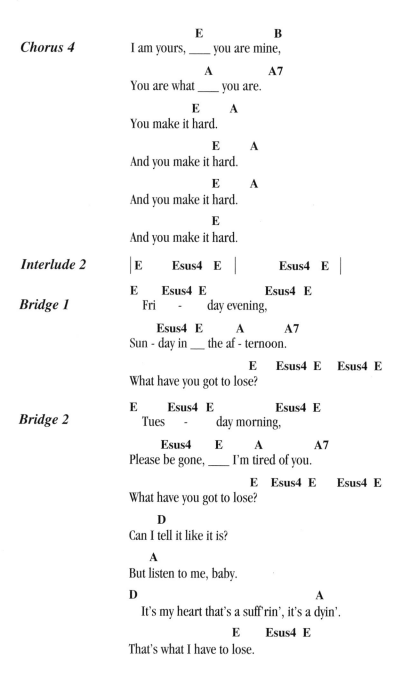

Chorus 4	E B

Chorus 4

                      E   B
I am yours, ___ you are mine,

                   A   A7
You are what ___ you are.

                E   A
You make it hard.

                   E   A
And you make it hard.

                   E   A
And you make it hard.

                   E
And you make it hard.

Interlude 2 | E   Esus4 E | Esus4 E |

Bridge 1

E   Esus4 E   Esus4 E
  Fri   -   day evening,

      Esus4 E   A   A7
Sun - day in __ the af - ternoon.

                          E   Esus4 E   Esus4 E
What have you got to lose?

Bridge 2

E   Esus4 E   Esus4 E
  Tues   -   day morning,

      Esus4   E   A   A7
Please be gone, ___ I'm tired of you.

                          E Esus4 E   Esus4 E
What have you got to lose?

          D
Can I tell it like it is?

        A
But listen to me, baby.

D   A
  It's my heart that's a suff'rin', it's a dyin'.

                     E   Esus4 E
That's what I have to lose.

Bridge 3

     E   Esus4 E   Esus4 E
I've _____ got an answer,

     Esus4   E A   A7
I'm go - ing to fly away.

                 E Esus4 E Esus4 E
What have I got to lose?

Bridge 4

     E   Esus4 E   Esus4 E
Will _____ you come see me

     Esus4   E A   A7
Thurs - days and ____ Saturdays? Hey, (hey,) hey.

                 E Esus4 E
What have you got to lose?

Guitar Solo 1   ‖: E | | | :‖ ***Play 4 times***
               | | |

Verse 5

     D   E
Chestnut brown canar - y,

     D   Esus4 E
Ruby throated spar - row,

     D   E
Sing a song, don't be long,

                 D E
Thrill me to the mar - row.

Guitar Solo 2   ‖: E | | | :‖
               | | |

Verse 6

     D   E
Voices of the an - gels,

     D   Esus4 E
Ring around the moon - light,

     D   E
Asking me, said she so free,

                 D E
"How can you catch the spar - row?"

Guitar Solo 3   ‖: E | | | :‖

| |

Verse 7

D   E
Lacy, lilting lyr - ic,

D   Esus4 E
Losing love, lament   -   ing,

D   E   E7
  Change my life,   make it right,

      D E
Be my la   -   dy.

Interlude 3 | D | E | D | E |

| D   E D | E D | E C♯m| B |

Outro

N.C.
‖: Do, do, do, do, do,

Do, do, do, do, do, do.

Do, do, do, do, do,

Do, do, do, do. :‖

‖: A   Bm | D   E   :‖ *Play 8 times*

A   Bm   D   E
Do, do, do, do, do, do, do, do, do, do, do.

A   Bm   D   E
Do, do, do, do, do, do, do,   do, do.

A   Bm   D   E
Do, do, do, do, do, do, do, do, do, do, do.

A   Bm   D   E
Do, do, do, do, do, do, do,   do, do.

Sweet Talkin' Woman

Words and Music by
Jeff Lynne

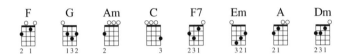

Sweet talk - in' wom - an, where did you go? _

F G Am C F7 Em A Dm

Intro

| F G | Am | F G | C | |

F7 G Am F G C
Sweet talkin' woman, where did you go?

Verse 1

         C
I was searchin' (Searchin'.) on a one way street.

       Am   F
I was hopin' (Hopin'.) for a chance to meet.

       Em   A
I was waitin' for the opera - tor on the line.

Pre-Chorus 1

   Dm   Em   Dm
  (She's gone so ____ long.) What can I do?

             Em
(Where could she ____ be?) No, no, no.

F7   G   Am
Don't know what I'm gonna do,

    F   G   C   G
I gotta get back ____ to you.

Chorus 1	**C** You gotta slow down, (Slow down.)
	Am **Em** Sweet talkin' woman. (Slow down.)

Chorus 1

              C
You gotta slow down, (Slow down.)

Am   **Em**
Sweet talkin' woman. (Slow down.)

F   **Em**
   You got me runnin', (Run, run.)

F   **G**
   You got me searchin'.

C   **Am**   **Em**
Hold on, (Hold on.) sweet talkin' lover. (Hold on.)

F   **Em**   **F**   **G**
   It's so sad if that's __ the way it's over.

F7   **G**   **Am**   **F**
Sweet talkin' woman.

Verse 2

       G **C**
I was… (Walkin'.) Many days go by.

       Am   **F**
I was thinkin' (Thinkin'.) 'bout the lonely nights.

       Em   **A**
Com - munication break - down all around.

Pre-Chorus 2

Repeat Pre-Chorus 1

Chorus 2

              C
You gotta slow down, (Slow down.)

Am   **Em**
Sweet talkin' woman. (Slow down.)

F   **Em**
   You got me runnin', (Run, run.)

F   **G**
   You got me searchin'.

C   **Am**   **Em**
Hold on, (Hold on.) sweet talkin' lover. (Hold on.)

F   **Em**   **F**   **G**
   It's so sad if that's __ the way it's over.

F7   **G**   **Am**
Sweet talkin' woman.

Verse 3

      C
I've been livin' (Livin'.) on a dead end street.

    Am   **F**
I've been askin' (Askin' kindly.) ev'ry - body I meet.

Em   **A**
Insufficient da - ta comin' through.

Pre-Chorus 3 *Repeat Pre-Chorus 1*

Chorus 3

C
Slow down, (Slow down.)

Am   **Em**
Sweet talkin' woman. (Slow down.)

F   **Em**
 You got me runnin', (Run, run.)

F   **G**
 You got me searchin'.

C   **Am**   **Em**
Hold on, (Hold on.) sweet talkin' lover. (Hold on.)

F **Em**   **F**   **G**
 It's so sad if that's __ the way it's over.

F7 **G** **Am**   **G**
Sweet talkin' woman.

Chorus 4

C   **Am**   **Em**
Slow down, (Slow down.) sweet talkin' woman. (Slow down.)

F   **Em** **F**   **G**
 You got me runnin', you got me searchin'.

C   **Am**   **Em**
Hold on, (Hold on.) sweet talkin' lover. (Hold on.)

F **Em**   **F**   **G**
 It's so sad if that's __ the way it's over.

Outro-Chorus *Repeat Chorus 4 till fade*

Tangled Up in Blue

Words and Music by
Bob Dylan

Melody:

Ear - ly one morn - in' the sun __ was shin - in, __

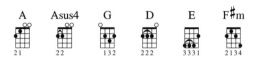

A   Asus4   G   D   E   F#m

Intro

‖: A Asus4 | A Asus4 :‖

Verse 1

A   G   A   G
Early one mornin' the sun ____ was shinin', I was lay'n' in bed,

A   G   D
Wond'rin' if she'd changed at all, if her hair was still red.

A   G   A   G
Her folks, they said our lives ____ together sure was gonna be rough.

        A   G
They never did like Mama's homemade dress,

        D
Papa's bank book wasn't big enough.

        E   F#m   A   D
And I was standin' on the side of the road, rain ____ fallin' on my shoes.

E   F#m
   Heading up for the East ____ Coast,

        A   D   E
Lord knows I've paid some dues ____ gettin' through;

G   D   A
Tangled up in blue.

Interlude 1   *Repeat Intro*

Verse 2

    A   G   A   G
She was married when we ___ first met, soon to be divorced.

    A   G   D
    I helped her out of a jam, __ I guess, but I used a little too much force.

       A   G   A   G
We drove that car as far as we could, a - bandoned it out West,

    A   G   D
    Split up on a dark ___ sad night, both a - greeing it was best.

      E   F♯m   A   D
As she turned around to look at me as I ___ was a walkin' away,

    E   F♯m
    I heard her say over my ___ shoulder,

              A   D   E
"We'll meet __ again someday __ on the avenue."

G   D   A
Tangled up in blue.

Interlude 2   *Repeat Intro*

Verse 3

    A   G   A   G
I had a job in the great north woods, working as a cook for a spell.

      A   G   D
But I never did like it all ___ that much and one day the axe just fell.

      A   G   A   G
So I drifted down to New Orleans where I lucky was to be em - ployed.

    A   G   D
Workin' for a while on a fishin' boat right out - side of Delacroix.

    E   F♯m   A   D
But all the while I was alone, the past ___ was close behind.

    E   F♯m
I seen a lot of women,

         A   D   E
But she never escaped my mind, __ and I just grew

G   D   A
Tangled up in blue.

Interlude 3   *Repeat Intro*

                 A   G   A   G
Verse 4   She was workin' in a topless place and I __ stopped in for a beer.

                   A   G   D
                 I just kept lookin' at the side of her face in the spotlight so clear.

                     A   G   A   G
                 And later on when the crowd thinned out, I's just about to do the same.

                       A   G
                 She was standin' there in back of my chair,

                       D
                 Said to me, "Don't I know your name?"

                 E   F#m
                 I muttered somethin' under - neath my breath,

                       A   D
                 She studied the lines on my face.

                    E   F#m
                 I must admit I felt a little uneasy

                         A   D   E
                 When she bent down to tie the laces ____ of my shoe;

                 G   D   A
                 Tangled up in blue.

Interlude 4   *Repeat Intro*

Verse 5

<pre>
          A   G   A   G
She lit a burner on ___ the stove and offered me a pipe.

    A   G
"I thought you'd never say hel - lo," she said,

       D
"You look like the silent type."

              A   G   A   G
Then she opened up a book of poems and handed it to me,

A   G   D
Written by an I - talian poet from the thirteenth century.

      E   F♯m
And ev'ry one of them words ___ rang true

             A   D
And glowed __ like burnin' coal.

E   F♯m
Pourin' off of ev'ry page

        A   D   E
Like it was written in my soul from me to you;

G   D   A
Tangled up in blue.
</pre>

Interlude 5   *Repeat Intro*

Verse 6

A	G	A	G

I lived with them on Montague Street in a basement down the stairs.

A	G	D

There was music in the ca - fés at night and revo - lution in the air.

A	G

Then he started into dealin' with slaves

A	G

And something inside of him died.

A	G	D

She had to sell ev'rything ___ she owned and ___ froze up inside.

E	F#m	A	D

And when it finally, the bottom fell out I __ became with - drawn.

E	F#m

The only thing I knew how to do

A	D	E

Was to keep on keepin' on like a bird that flew;

G	D	A

Tangled up in blue.

Interlude 6   *Repeat Intro*

Verse 7

A	G	A	G

So now I'm goin' back again, I got to get to her some - how.

A	G	D

All the people we used to know, they're an il - lusion to me now.

A	G	A	G

Some are mathema - ticians; some are carpenter's wives.

A	G

Don't know how it all got started,

D

I don't know what they're doin' with their lives.

E	F#m	A	D

But me, I'm still on the road, headin' for another joint.

E	F#m

We always did feel the same,

A	D	E

We just saw it from a diff'rent point of view;

G	D	A

Tangled up in blue.

Interlude 7   *Repeat Intro*

Outro   *Repeat Verse 7 (Instrumental)*

Tears in Heaven

Words and Music by
Eric Clapton and Will Jennings

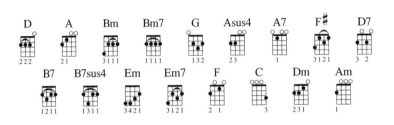

Intro |D   A Bm| Bm7 |G Asus4 A |D |

Verse 1

D   A   Bm   Bm7
Would you know my name

G   D   A   D   A7
If I saw you in heav - en?

D   A   Bm   Bm7
Would it be the same

G   D   A   D   A7
If I saw you in heav - en?

Chorus 1

Bm   F#
I must be strong

D7   B7
And carry on,

B7sus4 B7   Em
'Cause   I   know

  Em7   Asus4
I don't belong

               D A Bm   Bm7 G Asus4 A D
Here in heav - en.

Verse 2

```
D        A     Bm    Bm7
  Would you hold my hand

G   D              A   D  A7
  If I saw you in heav - en?

D        A     Bm    Bm7
  Would ya help me stand

G   D              A   D  A7
  If I saw you in heav - en?
```

Chorus 2

```
Bm               F♯
  I'll find my way

D7                    B7
  Through night and day

B7sus4  B7    Em
'Cause   I   know

 Em7        Asus4
I just can't stay

            D  A  Bm   Bm7  G  Asus4  A   D
Here in heav - en.
```

Bridge

```
F        C     Dm
  Time can bring ya down,

        G          C  G  Am  G   C
Time can bend your knees.

F        C     Dm
  Time can break your heart,

      G         C
Have ya beggin' please,

G           A  D  A7
  Beggin' please.
```

Interlude

Repeat Verse 2 (Instrumental)

Chorus 3	**Bm** **F♯**
	Beyond the door
	D7 **B7**
	There's peace, I'm sure,
	B7sus4 B7 **Em**
	And I know
	Em7 **Asus4**
	There'll be no more
	D A Bm Bm7 G Asus4 A D
	Tears in heav - en.

Verse 3   *Repeat Verse 1*

<table>
<tr><td>

Chorus 4
</td><td>

Bm   **F♯**
I must be strong

D7   **B7**
And carry on,

  B7sus4 B7   **Em**
'Cause   I know

  Em7   **Asus4**
I don't belong

        D A Bm
Here in heav - en.

Bm7   **Em**
  'Cause I know

  Em7   **Asus4**
I don't belong

        D A Bm Bm7 G Asus4 A D
Here in heav - en.
</td></tr>
</table>

3 AM

Lyrics by Rob Thomas
Music by Rob Thomas,
Brian Yale, John Leslie Goff
and John Joseph Stanley

Melody:

She says it's cold ___ out - side ___ and she hands ___me my rain-

Tune up 1/2 step:
A♭-D♭-F-B♭

G	Cadd9	D	Cmaj7	Em
1 3 2	1 2	2 2 2	1	3 2 1

Intro

| G Cadd9 | | G Cadd9 | | |
| G Cadd9 | G Cadd9 | G Cadd9 | G Cadd9 |

                                                 Cadd9

Verse 1   She says it's cold ___ outside

                               G

And she hands me my rain - coat.

D   **Cadd9**   **G**   **Cadd9**   **G**   **Cadd9**

She's always worried about things like that.

D   **Cadd9**

Well, she says it's all ___ gonna end

                        G   **Cadd9**   **G**   **Cadd9**

And it might as well be my ___ fault.

                D   **Cadd9**

And she only sleeps when it's rain - in'.

                D   **Cadd9**

And she screams, and her voice ___ is strainin'.

Chorus 1

         G   **D** **Cmaj7**
She says, "Baby,   it's three a.m.,

   D   **G** **D** **Cmaj7**
I __ must be lone - ly."

D   **G**   **D** **Cmaj7**
When she says, "Baby,   well, I can't help

   D   **Em**   **D**
But be scared of it all ___ some - times."

Cadd9
And the rain's gonna wash away, I believe it.

Interlude 1

‖: G Cadd9 |G Cadd9 :‖

Verse 2

D   **Cadd9**
  But she's gotta little ___ bit of somethin',

               G
God, it's better than noth - in'.

D   **Cadd9**
  And in her color por - trait world

              G Cadd9   **G Cadd9**
She believes that she's got it all,   all.

D   **Cadd9**
  She swears the moon ___ don't hang

         D   **Cadd9** **G**   **Cadd9**
Quite as high as it used to.

        D   **Cadd9**
And she only sleeps when it's rain - in'.

        D   **Cadd9**
And she screams, and her voice ___ is strainin'.

Chorus 2

         G   **D** **Cmaj7**
She says, "Baby,   it's three a.m.,

   D   **G** **D** **Cmaj7**
I __ must be lone - ly."

D   **G**   **D** **Cmaj7**
When she says, "Baby,   well, I can't help

   D   **Em**   **D**
But be scared of it all ___ some - times."

Cadd9
And the rain's gonna wash away, I believe, yes.

Interlude 2 |G Cadd9 |G Cadd9 |G Cadd9 |G Cadd9 |

Verse 3
D   Cadd9
  Well, she believes ___ that life is made up

                              G   Cadd9 G   Cadd9
Of all that you're used ___ to.

D   Cadd9
  And the clock on the wall ___ has been stuck at three

    G   Cadd9 G   Cadd9
For days and days.

D   Cadd9
  She thinks that hap - piness is a mat

                              G   Cadd9 G   Cadd9
That sits on her door - way,   yeah.

    D   C
But outside it stopped rainin'.

Chorus 3
                         G   D Cmaj7
Yeah, but she says, "Baby,   it's three a.m.,

    D   G   D Cmaj7
I __ must be lone - ly."

D   G   D Cmaj7
When she says, "Baby,   well, I can't help

    D   Em   D
But be scared of it all ___ some - times."

Cadd9
And the rain's gonna wash away,

         G   D   Cmaj7
I believe   this.

                        D   G   D   Cmaj7
Well, it's three a.m., I must be lone - ly.

            D
Whenev - er she says,

G   D Cmaj7
  "Baby,   well, I can't help

    D   Em   D   Cadd9
But be scared of it all ___ some - times."

Time for Me to Fly

Words and Music by
Kevin Cronin

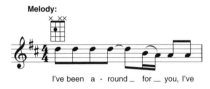

Melody:

I've been a - round __ for __ you, I've

D   Gadd9   A

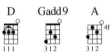

Intro

‖: D Gadd9 |A Gadd9 :‖

Verse 1

D
I've been around for you,
    A
I've been up and down for you,
    Gadd9   **D Gadd9/D D Gadd9/D D**
But I __ just can't get any relief.

I've swallowed my pride for you,
A
   Lived and lied for you,
    Gadd9   **D Gadd9/D D Gadd9/D D**
But a you still make me feel like a thief.
              A
You got me stealin' your love away
    Gadd9   **D**
'Cause a you never give it.
A
Peelin' the years away
    Gadd9   **D**
And a we can't re - live it.
    Gadd9   **D**
Oh, I make you laugh,
    Gadd9   **D**
And a you make me cry.
A
   I believe it's time for me to fly.

‖: D Gadd9 |A Gadd9 :‖

Verse 2

    D
You said we'd work it out,

    A
You said that you had no doubt,

    Gadd9   **D**   **Gadd9/D** **D** **Gadd9/D**
That deep down we were really in love.

D
Oh, but I'm tired of holdin' on

    A
To feelin' I know is gone.

Gadd9   **D**   **Gadd9/D** **D** **Gadd9/D**
  I do believe that I've had enough.

    D   **A**
I've had e - nough of the falseness

    Gadd9   **D**
Of a worn - out re - lation.

    A
E - nough of the jealousy

    Gadd9   **D**
And the intolera - tion.

    Gadd9   **D**
Oh, I make you laugh,

    Gadd9   **D**
And a you make me cry.

A   **D**   **Gadd9**   **D**   **N.C.**
  I believe it's time for me to fly.

Chorus 1

          A   **Gadd9**   **D**
(Time for me to fly.)

         Oh, I've got to set __ myself free.

          A   **Gadd9 D**
(Time for me to fly.)

        Ah, that's just how it's a got to be.

Gadd9   **A**
  I know it hurts to say good - bye,

          Gadd9   **A**
But it's time for me to fly.

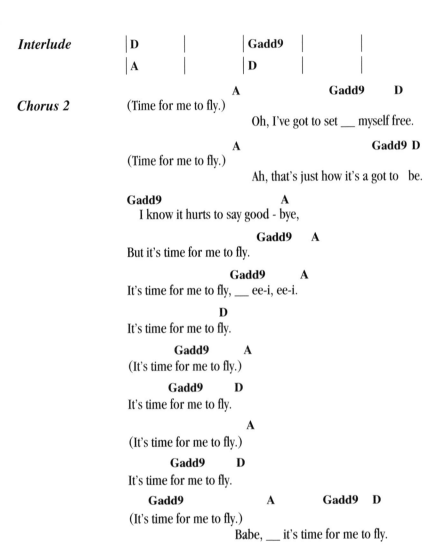

Interlude | D | | Gadd9 | |
               | A | | D | |

Chorus 2

                          A   Gadd9   D
(Time for me to fly.)
                        Oh, I've got to set __ myself free.

                          A   Gadd9 D
(Time for me to fly.)
                       Ah, that's just how it's a got to   be.

Gadd9   A
I know it hurts to say good - bye,

                       Gadd9   A
But it's time for me to fly.

                  Gadd9   A
It's time for me to fly, __ ee-i, ee-i.

                     D
It's time for me to fly.

           Gadd9   A
(It's time for me to fly.)

         Gadd9   D
It's time for me to fly.

                   A
(It's time for me to fly.)

         Gadd9   D
It's time for me to fly.

Gadd9   A   Gadd9   D
(It's time for me to fly.)
                  Babe, __ it's time for me to fly.

Time in a Bottle

Words and Music by
Jim Croce

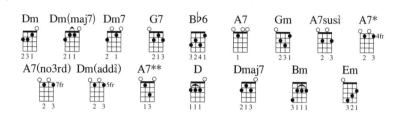

Intro

Dm	Dm(maj7)	Dm7	G7	
B♭6	A7 Gm	A7 A7sus⁴ A7*		
A7(no3rd) Dm(add⁴) A7*				

Verse 1

    Dm   Dm(maj7)   Dm7 G7
If I could save ___ time in a bottle,

   B♭6   A7 Gm
The first thing that I'd like to do

| A7 A7sus⁴ A7* | A7(no3rd) Dm(add⁴) A7* |

   Dm   Dm7
Is to save ev'ry - day

    B♭6   Gm   Dm
Till e - ternity pass - es away

    Gm   A7 A7sus⁴ A7* A7 A7** A7
Just to spend them with you.

Verse 2

Dm   Dm(maj7) Dm7 G7
If I could make days last for - ever,

B♭6   A7 Gm
If words could make wish - es come

A7 A7sus⅔ A7*   A7(no3rd) Dm(add⅔) A7*
True;

Dm   Dm7
I'd save ev'ry - day

B♭6   Gm
Like a treasure and then,

Dm   Gm   A7 A7sus⅔ A7* A7   A7**   A7
A - gain I would spend them with you.

Chorus 1

D   Dmaj7
But there never seems to be enough time

Bm   D   G
To do the things you wanna do once you find them.

| D | Em | A7 G A7* |

D   Dmaj7
I've looked around e - nough to know

Bm   D   G
That you're the one I want to go through time with.

| D | Em | A7 G A7* |

Interlude   *Repeat Intro*

Verse 3

    Dm   **Dm(maj7)** **Dm7** **G7**
If I had a box just for wishes,

    B♭6   **A7 Gm**
And dreams that had never __ come

A7 A7sus$\frac{4}{2}$ A7*   **A7(no3rd) Dm(add$\frac{2}{4}$) A7***
True;

    Dm   **Dm7**
The box would be empty

    B♭6   **Gm**   **Dm**
Ex - cept for the mem'ry of how

        Gm   **A7 A7sus$\frac{4}{2}$ A7* A7   A7**   A7**
They were answered by you.

Chorus 2   *Repeat Chorus 1*

Outro   ‖: **Dm** | :‖ *Play 3 times*

Torn

Words and Music by Phil Thornalley,
Scott Cutler and Anne Previn

Melody:

I thought I — saw — a man — brought — to life. —

F   Fsus4   Fsus²₄   Am   B♭7   Dm   C   B♭   Csus4

2 1   3 11   31   2   1211   231   3   3211   13

Intro | F | Fsus4 | F | Fsus²₄ |

Verse 1

        F
I thought I saw a man brought to life.

      Am
He was warm, he came around

         B♭7
Like he was dig - nified.

He showed me what it was to cry.

  F
Well, you couldn't be that man I adored.

  Am
You don't seem to know, seem to care

     B♭7
What your heart is for.

I don't know him anymore.

    Dm
There's nothin' where he used to lie.

 C
My conversation has run dry.

 Am
That's what's going on.

 C   F
Nothing's fine, I'm torn.

Chorus 1

      F   C
I'm all out of faith,

             Dm
This is how I feel.

                     Bb
I'm cold and I am shamed

                F
Lying naked on the floor.

                   C   Dm
Illusion never changed __ into something real.

I'm wide awake

       Bb   F
And I __ can see the perfect sky is torn.

                  C
You're a little late,

             Dm   Bb
I'm already torn.

Verse 2

      F
So, I guess the fortune teller's right.

  Am
I should've seen just what was there

         Bb7
And not some holy light.

But you crawled beneath my veins, and now

Dm
I don't care, I have no luck.

C
I don't miss it all that much.

Am   C
There's just so many things

                         F
That I can't touch. I'm torn.

Chorus 2

     F   **C**
    I'm all out of faith,

               Dm
This is how I feel.

                   B♭
I'm cold and I am shamed

                  F
Lying naked on the floor.

                 C   **Dm**
Illusion never changed __ into something real.

I'm wide awake

    B♭   **F**
And I __ can see the perfect sky is torn.

           C
You're a little late,

          Dm   **B♭**
I'm already torn.

Dm   **B♭**
Torn.

Dm   **F** **C**

Interlude   Oo, oo.

Verse 3

       Dm
There's nothing where he used to lie.

C
   My inspiration has run dry.

Am
     That's what's going on.

C
     Nothing's right, I'm torn.

Chorus 3   *Repeat Chorus 2 (1st 7 lines)*

                  C
Outro   I'm all out of faith,

             Dm
This is how I feel.

                  B♭
I'm cold and I'm ashamed,

                      F
Bound and broken on the floor.

             C
You're a little late.

             Dm   **B♭**
I'm already torn.

Intro   **Dm**   **C**   **Csus4**
      Torn.   Oh.

‖: **F** | **C** | **Dm** | **B♭**   :‖ *Repeat*
                                         and fade

21 Guns

Words and Music by David Bowie,
John Phillips, Billie Joe Armstrong,
Mike Pritchard and Frank Wright

Melody:

Do you know what's worth fight - ing for __

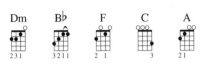

Dm   Bb   F   C   A

Intro   ‖: **Dm** **Bb** | **F**   **C**   :‖

Verse 1

 Dm **Bb**   **F**   **C**
 Do you know what's worth fighting for

 Dm   **Bb** **F** **C**
 When it's not worth dying for?

 Dm   **Bb** **F**   **C**
 Does it take your breath away

       Bb   **C**
 And you feel ____ yourself suffocat - ing?

Verse 2

 Dm   **Bb**   **F**   **C**
 Does the pain weigh out the pride

 Dm **Bb**   **F**   **C**
 And you look for a place to hide?

 Dm   **Bb**   **F**   **C**
 Did some - one break your heart inside?

     Bb **C**
 You're in ru - ins.

Chorus 1

F   N.C. C   N.C.   Dm
One,   twenty-one guns.

N.C. C   B♭
    Lay down your arms.

F   C
Give up the fight.

F   N.C. C   N.C.   Dm
One,   twenty-one guns.

N.C. C   B♭
    Throw up your arms

F   C   B♭ F C
Into the sky, ____ you and I.

Verse 3

Dm   B♭ F   C
   When you're at the end of the road

Dm   B♭   F   C
   And you lost all sense of control.

Dm   B♭   F   C
   And your thoughts have taken their toll

              B♭   C
When your mind ____ breaks the spirit of your soul.

Verse 4

Dm   B♭   F   C
   Your faith walks on broken glass

Dm   B♭   F   C
   And the hangover doesn't pass.

Dm   B♭ F   C
   Nothing's ever built to last.

          B♭   C
You're in ru - ins.

Chorus 2

Repeat Chorus 1

Bridge

Dm   B♭   F   C
Did you try to live on your own

Dm   B♭   F   A
When you burned down the house and home?

Dm   B♭   F   A
Did you stand too close to the fire

        B♭   C
Like a li - ar looking for forgive - ness from a stone?

Interlude 1

‖: F   C |D   C |B♭ F |C   :‖
|B♭ F |A |

Interlude 2

Repeat Intro

Verse 5

Dm   B♭   F   C
When it's time to live and let die

Dm   B♭   F   C
And you can't get an - other try,

Dm   B♭   F   C
Something inside this heart has died.

        B♭
You're in ru - ins.

Chorus 3

F N.C. C   N.C.   Dm
One,   twenty-one guns.

N.C. C   B♭
   Lay down your arms.

F   C
Give up the fight.

F N.C. C   N.C.   Dm
One,   twenty-one guns.

N.C. C   B♭
   Throw up your arms

F   C
Into the sky.

Chorus 4

Repeat Chorus 1

Wake Up Little Susie

Words and Music by
Boudleaux Bryant and Felice Bryant

Melody:

Wake up,   lit - tle Su - sie, _

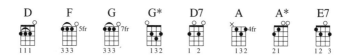

D	F	G	G*	D7	A	A*	E7

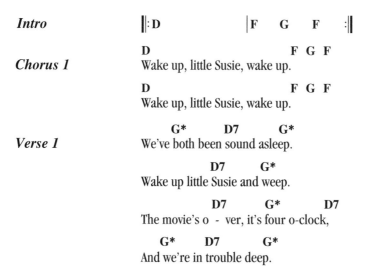

Intro ‖: D | F G F :‖

Chorus 1

    D   F G F
Wake up, little Susie, wake up.

    D   F G F
Wake up, little Susie, wake up.

Verse 1

       G*   D7   G*
We've both been sound asleep.

           D7   G*
Wake up little Susie and weep.

          D7   G*   D7
The movie's o - ver, it's four o-clock,

    G*   D7   G*
And we're in trouble deep.

Chorus 2

                    A
Wake up, little Susie,

  G*   A
  Wake up, little Susie.

       A*   E7   A*
Well, what are we gonna tell your ma - ma?

                    E7   A*
What are we gonna tell your pa?

                    E7   A*
What are we gonna tell our friends

                N.C.
When they say, "Ooh la la?"

              D
Wake up, little Susie.

A   D
  Wake up, little Susie.

Bridge

D
  Well, I told your mama that you'd be in by ten.

      G*
  Well, Susie baby, looks like we goofed again.

          A
Wake up, little Susie.

G*   A
  Wake up, little Susie.

N.C.   D
We gotta go home.

Interlude   ‖: D | F   G   F   :‖

Chorus 3   *Repeat Chorus 1*

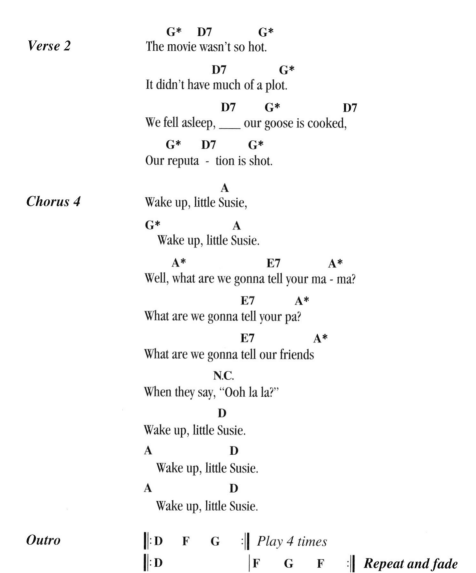

Verse 2

    G*   D7   **G***
The movie wasn't so hot.

         D7   **G***
It didn't have much of a plot.

         D7   **G***   **D7**
We fell asleep, ___ our goose is cooked,

    G*   D7   **G***
Our reputa - tion is shot.

Chorus 4

           A
Wake up, little Susie,

G*   **A**
  Wake up, little Susie.

    A*   **E7**   **A***
Well, what are we gonna tell your ma - ma?

        E7   **A***
What are we gonna tell your pa?

        E7   **A***
What are we gonna tell our friends

      N.C.
When they say, "Ooh la la?"

       D
Wake up, little Susie.

A   **D**
  Wake up, little Susie.

A   **D**
  Wake up, little Susie.

Outro

‖: **D**   **F**   **G**   :‖ *Play 4 times*

‖: **D** | **F**   **G**   **F**   :‖ *Repeat and fade*

Two Out of Three Ain't Bad

Words and Music by
Jim Steinman

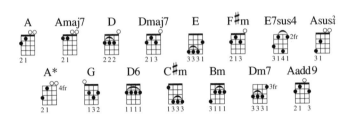

Intro | A | Amaj7 | D | Dmaj7 E |

Verse 1

A   Amaj7
Baby, we can talk all night,

   D   A
But that ain't getting us no - where.

        E   F#m
I told you ev'rything I possibly can,

E7sus4   E7
   There's nothing left inside of here.

   A   Amaj7
And maybe you can cry all night,

   D   A
But that'll never change the way ___ that I feel.

      Amaj7   F#m
The snow is really piling up outside,

  E7sus4   E7
I wish you wouldn't make me leave here.

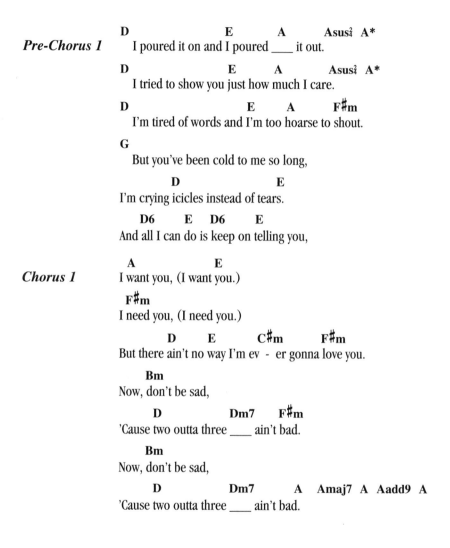

Pre-Chorus 1

| D | | E | A | Asus⁴₂ A* |

D   E   A   Asus²₄ A*
I poured it on and I poured ___ it out.

D   E   A   Asus²₄ A*
I tried to show you just how much I care.

D   E   A   F#m
I'm tired of words and I'm too hoarse to shout.

G
But you've been cold to me so long,

           D   E
I'm crying icicles instead of tears.

      D6   E   D6   E
And all I can do is keep on telling you,

Chorus 1

     A   E
I want you, (I want you.)

 F#m
I need you, (I need you.)

        D   E   C#m   F#m
But there ain't no way I'm ev - er gonna love you.

   Bm
Now, don't be sad,

        D   Dm7   F#m
'Cause two outta three ___ ain't bad.

   Bm
Now, don't be sad,

        D   Dm7   A   Amaj7 A Aadd9 A
'Cause two outta three ___ ain't bad.

Bridge

      D   E   A   Asus²₄ A*

You'll never find your gold on a sandy beach.

          D   E   A   Asus²₄

You'll never drill for oil on a city street.

    A*   D   E   A

I know you're looking for a ru - by in a mountain of rocks,

              G

But there ain't no Coupe de Ville

                      E

Hiding at the bottom of a Crackerjack box.

C#m   D

   I can't lie, I can't tell you that I'm something I'm not.

                 C#m

No matter how I try, I'll never be able to give you something,

D   E

Something that I just haven't got.

Verse 2

           A   Amaj7

Well, there's only one girl that I will ever love,

          D   E   A

And that was   so many years ____ ago.

                 Amaj7   F#m

And though I know I'll never get her out of my heart,

          D   E

She never loved me back, ooh, ____ I know.

           A   Amaj7

Well, I re - member how she left me on a stormy night.

          D   A

Oh, she kissed me and got out of our bed.

                   Amaj7   F#m

And though I pleaded and I begged her not to walk out that door,

          D   E

She packed her bags and turned right away.

         D6   E   D6   E   D6   E

And she kept on telling me, she kept on telling me, she kept on telling me,

Chorus 2

   A   E
I want you, (I want you.)

   F♯m
I need you, (I need you.)

              D   E   C♯m   F♯m
But there ain't no way I'm ev - er gonna love you.

     Bm
Now, don't be sad,

        D   Dm7   A
'Cause two outta three ___ ain't bad.

                 E
I want you, (I want you.)

   F♯m
I need you, (I need you.)

              D   E   C♯m   F♯m
But there ain't no way I'm ev - er gonna love you.

     Bm
Now, don't be sad,

        D   Dm7   F♯m
'Cause two outta three ___ ain't bad.

     Bm
Now, don't be sad,

        D   Dm7
'Cause two outta three ___ ain't bad.

Outro

A   Amaj7
Baby, we can talk all night,

D   E A
  But that ain't getting us nowhere.

Wanted Dead or Alive

Words and Music by
Jon Bon Jovi and Richie Sambora

Melody:

It's all the same, _   on - ly the names _

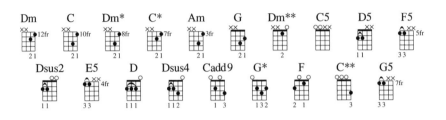

Intro

‖: Dm C Dm* C* | Am G Dm** :‖

‖: N.C.(C5) (D5) (F5) (D5) Dsus2 :‖ *Play 3 times*

| F5 E5 D5 |

Verse 1

       D   Dsus4 D Dsus2 D
It's all the same,

Cadd9   **G***
Only the names will change.

Cadd9 G*   **F**   **D**
Ev'ry day   it seems we're wast - ing a - way.

          Dsus4 D Dsus2 D
Another place,

         Cadd9   **G***
Where the faces are so ___ cold,

    Cadd9 G*   **F**   **D**
I'd drive all night just to get back home.

Chorus 1

     C**   G*   F   D
I'm a cowboy,   on a steel horse I ___ ride.

     C**   G*   C5 D5 F5 D5
I'm wanted, (Wanted.) dead or a - live.

C**   G*   C5 D5 F5 D5
Wanted, (Wanted.) dead or a - live.

Interlude 1

‖: Dm C Dm* C* | Am G Dm** :‖

Verse 2

       D   Dsus4 D Dsus2 D
Some - times I sleep,

     Cadd9   G*
Some - times it's not for days.

     Cadd9   G*   F   D
The people I meet   always go their sep - 'rate ways.

                    Dsus4 D Dsus2 D
Sometimes you tell the day

     Cadd9   G*
By the bottle that you ___ drink.

     Cadd9   G*   F   D
And times when you're alone, all you do is think.

Chorus 2

     C**   G*   F   D
I'm a cowboy,   on a steel horse I ___ ride.

     C**   G*   C5 D5 F5 D5
I'm wanted, (Wanted.) dead or a - live.

C**   G*   C5 D5 F5 D5
Wanted, (Wanted.) dead or a - live.

Interlude 2

Repeat Interlude 1

Guitar Solo

‖: D | C** G5* | C** G5* | F   D :‖

Chorus 3

     C**   G*   F   D
Oh, I'm a cowboy,   on a steel horse I ___ ride.

     C**   G*   N.C.(C5) (D5) (F5) (D5)
I'm wanted, (Wanted.) dead   or   a - live.

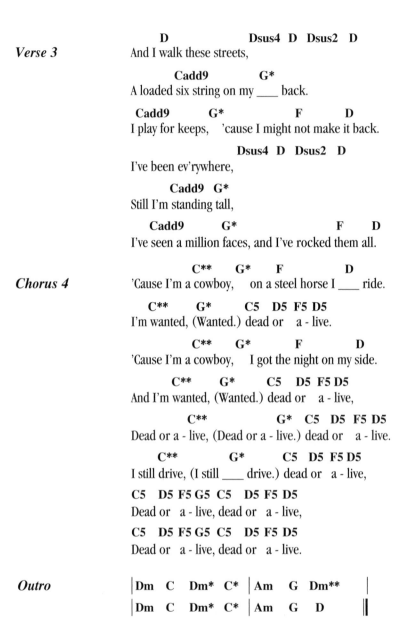

Verse 3

     D   Dsus4   D   Dsus2   D
And I walk these streets,

      Cadd9   G*
A loaded six string on my ___ back.

   Cadd9   G*   F   D
I play for keeps,   'cause I might not make it back.

       Dsus4   D   Dsus2   D
I've been ev'rywhere,

      Cadd9   G*
Still I'm standing tall,

    Cadd9   G*   F   D
I've seen a million faces, and I've rocked them all.

Chorus 4

       C**   G*   F   D
'Cause I'm a cowboy,   on a steel horse I ___ ride.

     C**   G*   C5   D5   F5   D5
I'm wanted, (Wanted.) dead or   a - live.

       C**   G*   F   D
'Cause I'm a cowboy,   I got the night on my side.

      C**   G*   C5   D5   F5   D5
And I'm wanted, (Wanted.) dead or   a - live,

       C**   G*   C5   D5   F5   D5
Dead or a - live, (Dead or a - live.) dead or   a - live.

      C**   G*   C5   D5   F5   D5
I still drive, (I still ___ drive.) dead or   a - live,

  C5   D5   F5   G5   C5   D5   F5   D5
Dead or   a - live, dead or   a - live,

  C5   D5   F5   G5   C5   D5   F5   D5
Dead or   a - live, dead or   a - live.

Outro

| Dm   C   Dm*   C* | Am   G   Dm** |

| Dm   C   Dm*   C* | Am   G   D   ‖

Wherever You Will Go

Words and Music by
Aaron Kamin and Alex Band

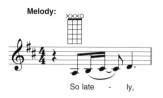

Melody:

So late - ly,

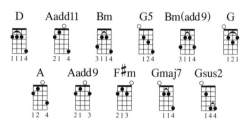

D   Aadd11   Bm   G5   Bm(add9)   G

A   Aadd9   F#m   Gmaj7   Gsus2

Intro |D |Aadd11 |Bm |G5   Aadd11 |

Verse 1
```
        D         Aadd11
      So lately,      been wond'ring

      Bm              G5          Aadd11
      Who will be there ___ to take my ___ place.

        D             Aadd11
      When I'm gone,      you'll need love

      Bm         G5              Aadd11   D
      To light the shadows on your ___ face.

              Aadd11              Bm
      If the great - er wave shall fall,

              G5          Aadd11   D
      And fall ___ upon us ___ all,

              Aadd11                Bm
      Then between ___ the sand and stone,

                    G5
      Could you make ___ it on your own?
```

ACOUSTIC ROCK

	D Aadd11
Chorus 1	If I could, then I would,

Bm   G5   D
I'll go wher - ever you will go.

                    Aadd11
Way up high,   or down low,

Bm   G5   Aadd11
I'll go wher - ever you will ___ go.

	D Aadd11
Verse 2	And maybe I'll find out

Bm   G5   Aadd11 D
A way to make it back some ___ day.

                    Aadd11
Towards you,   to guide you

Bm   G5   Aadd11   D
Through the darkest of your ___ days.

            Aadd11   Bm
If the great - er wave shall fall

            G5   Aadd11 D
And fall ___ upon us all,

            Aadd11   Bm
Well, then I hope there's someone out ___ there who

            G5
Can bring me back too.

	D Aadd11
Chorus 2	If I could, then I would,

Bm   G5   D
I'll go wher - ever you will go.

                    Aadd11
Way up high,   or down low,

Bm   G5
I'll go wher - ever you will

Bridge

Bm   Bm(add9)
Go.

G   A   Aadd9
Run away with my heart,

F#m   Bm   Bm(add9)
Run away with my hope.

G   A   Aadd9   F#m
Run away with my love.

Verse 3

D   Aadd11
  I know now   just quite how

Bm   G5   Aadd11 D
  My life and love ___ might still go ___ on.

         Aadd11
In your heart,   in your mind,

Bm   G5
  I'll stay with you   for all of time.

Chorus 3

D   Aadd11
  If I could,   then I would,

Bm   G5   D
  I'll go wher - ever you will go.

         Aadd11
Way up high,   or down low,

Bm   G5   D
  I'll go wher - ever you will go.

       Aadd11   Bm
If I could turn back time,

       G5   D
I'll go wher - ever you will go.

       Aadd11   Bm
If I could make you mine,

       G5   D Aadd11   Bm
I'll go wher - ever you will go.

       G5   D Aadd11   Bm Gmaj7 Gsus2
I'll go wher - ever you will go.

Who'll Stop the Rain

Words and Music by
John Fogerty

Melody:

Long as I ___ re - mem - ber,

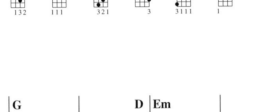

G   D   Em   C   Bm   Am
132 111 321   3   3111 1

Intro

| G | | D |Em | |
| | D |G | | |

Verse 1

G   C   G
Long as I remember, the rain been comin' down.

                                         C   G
Clouds of myst'ry pourin' con - fusion on the ground.

C   G   C   G
Good men through the a - ges tryin' to find the sun;

C   D   Em   G
And I wonder, still I wonder who'll stop the rain?

Verse 2

```
G                            C               G
I went down Virginia seekin' shelter from the storm.
                      Bm    C             G
Caught up in the fa - ble, I watched the tower grow.
C               G      C                  G
Five year plans and new ___ deals wrapped in golden chains;
C          D       Em        G
And I wonder, still I wonder who'll stop the rain?
```

Interlude

```
| C  G   D  |            | Am  C  Em |
|        D  | G          |           |
```

Verse 3

```
G                       C            G
Heard the singer's playing, how we cheered for more.
                      Bm  C           G
The crowd had rushed togeth - er, tryin' to keep warm.
C              G    C          G
Still the rain kept pour - in', fallin' on my ears;
C          D       Em
And I wonder, still I wonder who'll stop the rain?
```

Outro

```
‖: G        |        D | Em        |        D :‖   Repeat and fade
```

Yesterday

Words and Music by
John Lennon and
Paul McCartney

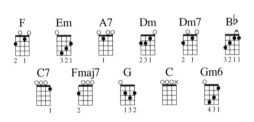

Intro |F | | |

Verse 1

F   Em
Yesterday,

    A7   Dm   Dm7
All my troubles seemed so far away.

B♭   C7   F   Fmaj7
  Now it looks as though they're here to stay.

   Dm   G B♭ F
Oh, I believe ___ in yes - terday.

Verse 2

F   Em
Suddenly,

    A7   Dm   Dm7
I'm not half the man I used to be.

B♭   C7   F   Fmaj7
  There's a shad - ow hanging over me,

   Dm   G   B♭ F
Oh, yesterday ___ came sud - denly.

Bridge 1

Em A7 Dm C B♭
Why she had to go

       Gm6   C7   F
I don't know, she wouldn't say.

Em A7 Dm   C   B♭
I   said some - thing wrong.

       Gm6   C7   F
Now I ___ long for yester - day.

Verse 3

F   Em
Yesterday,

       A7   Dm   Dm7
Love was such an easy game to play.

B♭   C7   F   Fmaj7
 Now I need a place to hide away.

   Dm   G B♭ F
Oh, I believe ___ in yes - terday.

Bridge 2   *Repeat Bridge 1*

Verse 4

F   Em
Yesterday,

       A7   Dm   Dm7
Love was such an easy game to play.

B♭   C7   F   Fmaj7
 Now I need a place to hide away.

   Dm   G B♭ F
Oh, I believe ___ in yes - terday.

   G B♭ F
Mm.

You've Got a Friend

Words and Music by
Carole King

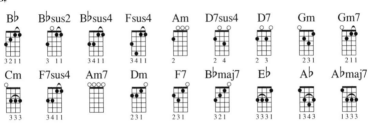

When you're down ___ and trou - bled,

Tune down 1/2 step:
F#-B-D#-G#

Bb Bbsus2 Bbsus4 Fsus4 Am D7sus4 D7 Gm Gm7

Cm F7sus4 Am7 Dm F7 Bbmaj7 Eb Ab Abmaj7

Intro |Bb   Bbsus2 Bb Bbsus4| Fsus4 |
           |Bbsus4 Bb Bbsus2 Bb |Am   D7sus4 |

                    D7   Gm   D7
Verse 1   When you're down ___ and trou - bled,

                 Gm   D7   Gm Gm7
            And you need a helping hand,

                 Cm   F7sus4   Bb Bbsus4 Bb Bbsus4 Bb
            And nothing, whoa, nothing is goin' right,

            Am7   D7   D7sus4   D7
            Close your eyes and think of me,

                 Gm   D7   Gm Gm7
            And soon I will ___ be there

                 Cm   Dm   F7sus4 F7
            To brighten up even your darkest night.

Chorus 1

B♭   **B♭maj7**
You just call __ out my name,

    E♭   **Cm**
And you know wherever I am

F7sus4   **B♭**   **B♭maj7**
I'll come run - ning, oh yeah, babe,

         F7sus4
To see you again.

B♭   **B♭maj7**
Winter, spring, summer or fall,

    E♭   **Cm**
Now, all you got to do is call,

     E♭   **Dm**   **E♭ F7sus4**
And I'll be there, __ yeah, yeah, yeah.

        B♭   **B♭sus2 B♭ B♭sus4**   **Am**   **D7sus4**
You've got a friend.

Verse 2

D7   **Gm**   **D7**
If the sky __ above __ you

     Gm   **D7**   **Gm Gm7**
Should turn __ dark and full of clouds,

    Cm   **F7sus4**   **B♭ B♭sus4 B♭**
And that old North wind should begin to blow,

Am7   **D7**   **D7sus4 D7**
Keep your head togeth - er

Gm   **D7**   **Gm Gm7 Cm**
And call my name __ out loud, now.

      Dm   **F7sus4 F7**
Soon I'll be knock - in' upon your door.

Chorus 2

                        B♭maj7
You just call ____ out my name,

                    E♭   **Cm**
And you know __ wherever I am,

Fsus4   **B♭**   **B♭sus4**   **B♭**
I'll come run - ning,   oh yes, I will,

                        F7sus4
To see you again.

B♭   **B♭maj7**
Winter, spring, summer or fall,

        E♭   **Cm**
Yeah, all you got to do is call,

                E♭   **Dm**   **E♭ F7sus4**
And I'll be there, yeah, __ yeah, yeah.

                    E♭   **A♭**
Bridge   Hey, ain't __ it good to know

            E♭
That you've got a friend

            B♭   **B♭sus4**   **B♭maj7**
When people can be ____ so cold?

                E♭
They'll hurt you,

                    A♭maj7
And desert you.

                Gm   **Gm7**   **C7**
Well, they'll take your soul if you let __ them,

                        F7sus4   **F7**
Oh yeah, but don't ____ you let them.

Chorus 3

               B♭maj7
You just call ____ out my name,

      E♭   **Cm**
And you know wherever I am,

F7sus4   **B♭**   **B♭sus4** **B♭**
  I'll come run - ning

               F7sus4
To see you again.

Oh, babe, don't you know 'bout
B♭   **B♭maj7**
Winter, spring, summer or fall,

       E♭   **Cm**
Hey, now all you've got to do is call.

        E♭   **Dm**   **E♭ F7sus4**
Lord, I'll be __ there, yes, I will.

Outro

             B♭ B♭sus2 B♭ E♭
You've got a friend.

          B♭sus4 **B♭** **B♭sus2 B♭**
You've got a friend,   yeah.

E♭   **B♭sus4** **B♭** **B♭sus2 B♭**
  Ain't it good to know you've got ____ a friend?

      E♭
Ain't it good to know

             B♭sus4 **B♭** **B♭sus2 B♭**
You've got a friend?

      E♭   **B♭sus4 B♭ B♭sus2 B♭**
Oh, __ yeah, yeah. You've got a friend.

Wonderwall

Words and Music by
Noel Gallagher

Melody:

To - day   is gon - na be the day that they're

F#m7   A   Esus4   B7sus4   Dsus2   D   E

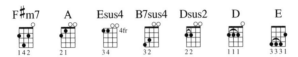

Intro   ‖: F#m7 A | Esus4 B7sus4 :‖ *Play 4 times*

                F#m7   A

Verse 1   Today is gon - na be the day

                        Esus4   B7sus4

That they're gonna throw it back to you.

  F#m7   A

By now you should have somehow

       Esus4   B7sus4

Real - ized what you gotta do.

  F#m7   A

I don't believe that an - ybody

Esus4   B7sus4   Dsus2 E B7sus4

Feels the way I do about you now.

Verse 2

F#m7   A
Backbeat, the word is on the street

    Esus4   B7sus4
That the fire in your heart is out.

F#m7   A
I'm sure you've heard it all before,

    Esus4   B7sus4
But you never really had a doubt.

F#m7   A
I don't believe that an - ybody

Esus4   B7sus4   F#m7 A E B7sus4
Feels the way I do about you now.

Pre-Chorus 1

          D   E   F#m7
And all ___ the roads we have ___ to walk are wind - ing,

          D   E   F#m7
And all ___ the lights that lead ___ us there are blind - ing.

D   E
There are many things ___ that I would

A   E   F#m7   A   B7sus4
Like to say to you, ___ but I don't know how.

Chorus 1

       Dsus2 F#m7 A   F#m7
Because maybe _____ you're gon - na

         Dsus2   F#m7 A
Be the one that saves me.

   F#m7   Dsus2 F#m7 A   F#m7   Dsus2 F#m7
And af - ter all _____ you're my wonderwall.

| A   F#m7 | | |

Verse 3

F#m7   A
Today was gon - na be the day,

Esus4   B7sus4
But they'll never throw it back to you.

F#m7   A
By now you should have somehow

Esus4   B7sus4
Real - ized what you're not to do.

F#m7   A
I don't believe that an - ybody

Esus4   B7sus4   F#m7 A   Esus4   B7sus4
Feels the way I do about you now.

Pre-Chorus 2   *Repeat Pre-Chorus 1*

Chorus 2

Dsus2 F#m7 A   F#m7
I said maybe _____ you're gon - na

Dsus2   F#m7   A
Be the one that saves me.

F#m7 Dsus2 F#m7 A
And af - ter all

F#m7   Dsus2   F#m7 A   F#m7
You're my wonderwall.

Chorus 3   *Repeat Chorus 2*

Chorus 4

Dsus2 F#m7 A   F#m7
I said maybe _____ you're gon - na

Dsus2 F#m7 A
Be the one that saves me.

F#m7   Dsus2 F#m7 A
You're gon - na be the one that saves me.

F#m7   Dsus2 F#m7 A F#m7
You're gon - na be the one that saves me.

Outro

‖: Dsus2 F#m7 |A   F#m7   :‖ *Play 3 times*
| Dsus2 F#m7 |A   F#m7